知識ゼロからの

NISA&iDeCo

前田信弘
ファイナンシャル・プランナー
経営コンサルタント

- NISAとはどのようなものなのか?
- つみたてNISAとはどんなしくみ?
- つみたてNISAのメリットと注意点
- 一般とつみたて、どちらを選ぶ?
- ジュニアNISAとは?
- 確定拠出年金の制度のしくみ
- iDeCoの掛金の上限と加入資格は?
- iDeCoの3つの節税メリット
- iDeCoのデメリットと注意点は?
- 迷わない運用商品の選び方

幻冬舎

はじめに

　人生100年時代といわれる今、日本人の平均寿命は男性81・25歳、女性87・32歳（ともに2018年）で、今後も延びていくことが予想されます。人生100年時代になって懸念されるのが、長期化する老後の経済的不安です。65歳（将来的には75歳ともいわれている）まで働いたとしても、残り35年（25年）は現役引退期間になります。

　公的年金の受給開始年齢は引き上げられ、今後の少子高齢化を考えると年金受給額の減少や、医療費の自己負担額が増大していくことも十分に考えられます。

　このような中で人生100年時代を生き抜くためには、しっかりとしたライフプラン＝人生設計を立てていかなければなりません。そして、老後に向けた家計の見通しも立てておく必要があります。また、老後の資金だけでなく、将来に向けたお金の問題について、早い時期からしっかりと考えていくことが求められます。

　公的年金は先細りとなっていくことを考えると、老後資金の必要性はますます高まっていきます。長生きがお金の面ではリスクとなる時代、このリスクを軽減するための1つの方法として資産運用があります。資産運用によってお金を増やすことができれば、老後のための資金をより充実させることが可能となります。

　これから資産運用を考えていくときに、最適な制度があります。それは、つみたてNISAとiDeCoです。また、一般のNISAを加えたこれらの制度は、資産運用を行う際の税制が優遇されています。資産運用を行う場合には、これら税制上の優遇がある制度の利用を検討していくことがオススメです。

本書は、資産運用とNISA・iDeCoの入門書です。

第1章では、ライフプランや資産運用の基本について解説していきます。ライフプランの意義や、資産運用の基本的な考え方、リスクとリターンなどについて見ていきます。

第2章では、金融商品について解説します。さまざまな金融商品のしくみや特徴、金融商品にかかる税金などについて見ていきます。

第3章では、NISAについて解説していきます。NISAには、一般NISA、つみたてNISA、ジュニアNISAの3種類の制度がありますが、それぞれの制度のしくみやメリット、注意点、利用の仕方などについて見ていきます。

第4章では、iDeCoについて解説していきます。わが国の年金制度、iDeCoのしくみ、加入資格、メリット・注意点、加入方法などについて見ていきます。

第5章では、つみたてNISAとiDeCoの活用のポイントについて解説していきます。つみたてNISAとiDeCoの使い分け、年代別の活用ポイントについて紹介していきます。

本書がみなさまの資産運用・資産形成の一助となれば幸いです。

前田信弘

本書の登場人物

本書には、マンガ、本文ともに、共通の登場人物がいます。
ファイナンシャル・プランナーの先生と、
将来のお金のことに不安を感じている人たちです。

20代　会社員
20代の会社員。結婚は、いつかはしたいが今はまだ彼氏ナシ。仕事はやりがいがあるが、投資にも興味がある。リスク許容度は高めだが、おっちょこちょいなところも。

ファイナンシャル・プランナー
お金にくわしいファイナンシャル・プランナー。老後に備えた運用と人生におけるお金の考え方について、さまざまなケースの相談を受け、助言を行っています。

40代　自営業
飲食店を経営する40代。家族などの詳細がわからない、ミステリアスなタイプ。一方で仕事に対しては堅実で真面目に取り組み、非常時や不測の事態を常に想定している。

30代　夫婦
まだ子どもが小さいため、堅実にならざるを得ない。教育資金やマイホーム購入……。お金のたくさんかかるライフイベントが山ほど控えている。

40代
会社員

50代
夫婦

20代
専業主婦

巻頭マンガ

「将来のお金は NISA & iDeCo でいこう!」

老後
2,000万円必要って
本当なのかな?
なんか不安…
漠然《ばくぜん》と不安を感じているっていう人多いですよね
日本は世界でも有数の長寿国といわれているけど このまま高齢化が進むと…
老後の収入の柱の公的年金は
足りないっ…
現状維持に必要なお金
年金
現状を維持することがとてつもなく難しい!?
年金の保険料の負担は増加し給付は抑えられていく…
保険料
給付
つまり、年金額は低くなっていく!ということ!
年金
それじゃあ公的年金だけでは老後の生活費はまかなえないよ
どうしたらいいんだろう…
さらに不安…

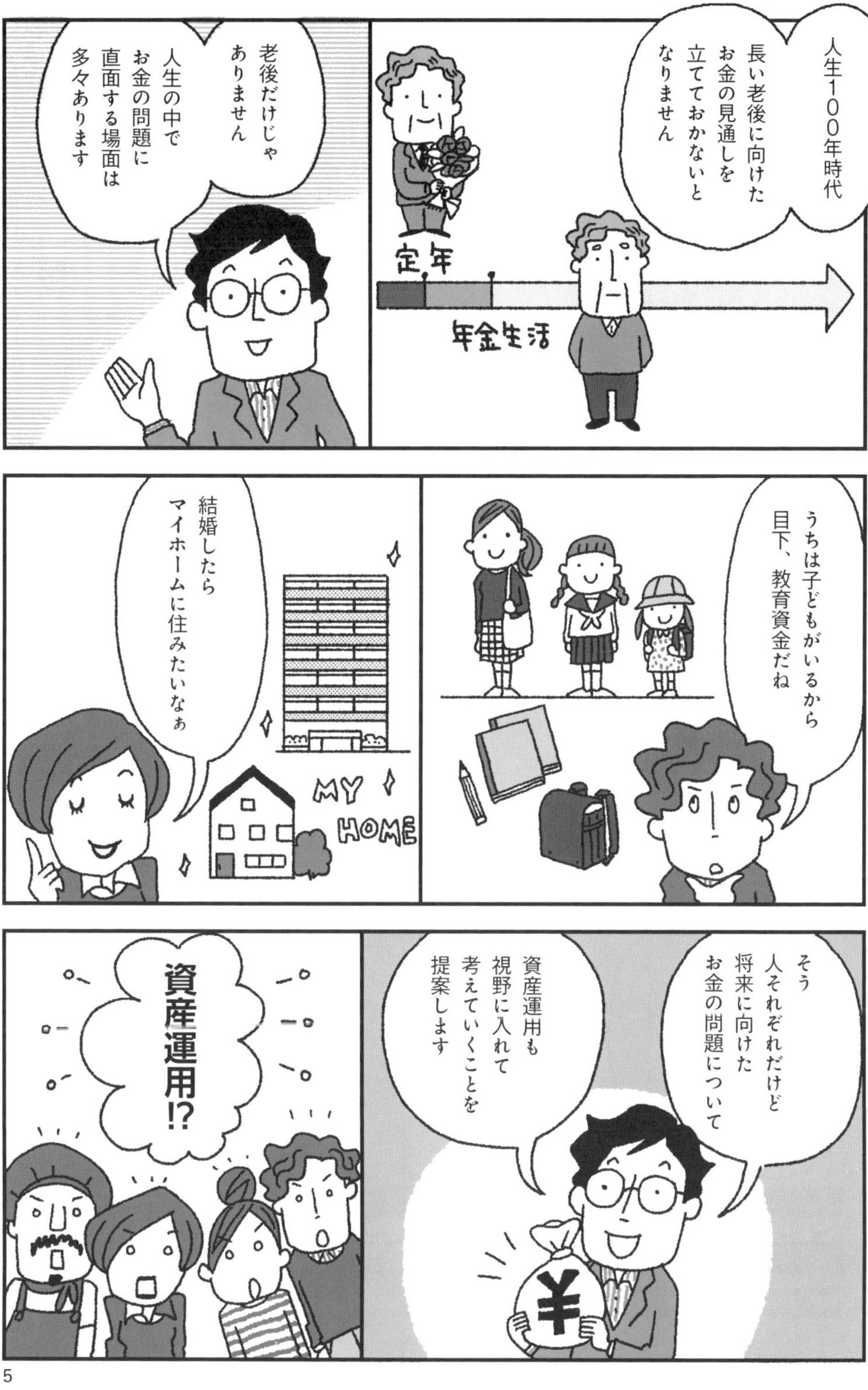
人生100年時代
長い老後に向けたお金の見通しを立てておかないとなりません
定年
年金生活
老後だけじゃありません
人生の中でお金の問題に直面する場面は多々あります
うちは子どもがいるから目下、教育資金だね
結婚したらマイホームに住みたいなぁ
MY HOME
そう人それぞれだけど将来に向けたお金の問題について
資産運用も視野に入れて考えていくことを提案します
資産運用!?

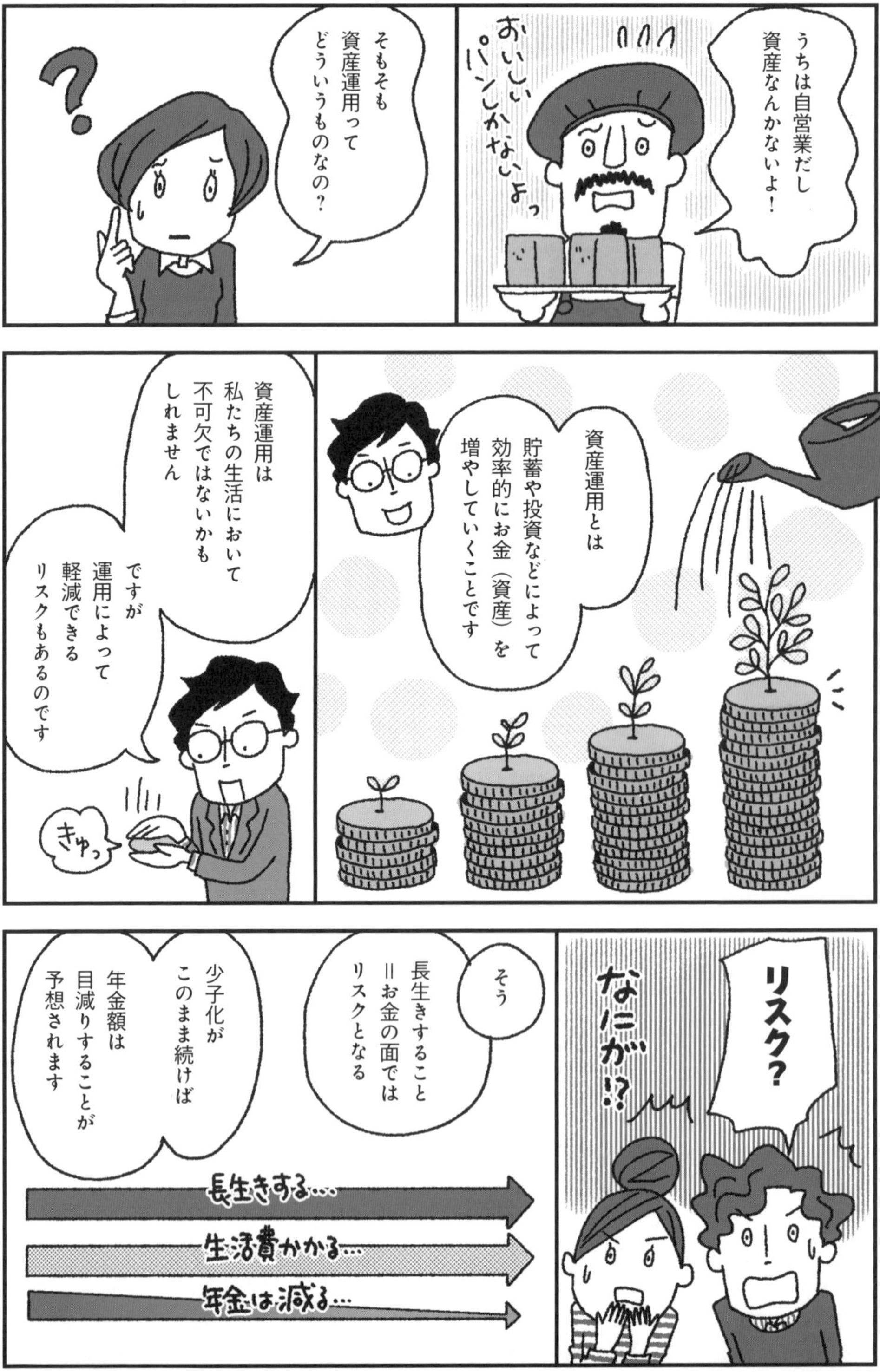
うちは自営業だし
資産なんかないよ！
おいしいパンしかないよっ
そもそも資産運用ってどういうものなの？
資産運用とは
貯蓄や投資などによって効率的にお金（資産）を増やしていくことです
資産運用は私たちの生活において不可欠ではないかもしれません
ですが運用によって軽減できるリスクもあるのです
きゅっ
リスク？
なにが!?
そう
長生きすること＝お金の面ではリスクとなる
少子化がこのまま続けば年金額は目減りすることが予想されます
長生きする…
生活費かかる…
年金は減る…

仮に資産運用によって
お金を増やすことができれば
このリスクを軽減する
ことができます
増える資産
減る年金
お金の素人みたいな
私たち夫婦でも？
とくに資産といえる
資産がなくても
運用していくことが
できるのですか？
できます
そしてこれから
資産運用を考えて
いくときに最適な制度
それが
『つみたてNISA《ニーサ》』と
『iDeCo《イデコ》』なのです
つみたて
NISA
iDeCo
『つみたてNISA』と
『iDeCo』!?
そう
ではこれから
1つひとつ
解説していきましょうね

老後に向けた家計の見通しを立てておく

将来のお金のこと考えている？

将来のお金のこと、考えていますか？と問われると、「まあ、なんとなく……」とただ漠然とであったり、「そういえば老後のお金、大丈夫かな……」と不安を抱いたりしている人がたくさんいるのではないでしょうか。

日本は世界トップクラスの長寿国です。総人口が減少する中で、高齢者が増加することにより高齢化率は上昇を続け、2035年には3人に1人が高齢者となると推計されています。少子高齢化社会が進み、超高齢社会を迎え、公的年金制度は、給付の低下と負担の増加が予想されています。つまり、**保険料の負担は増加し、年金の給付は抑えられていく**という方向にあります。また、企業年金についても運用が困難だったり、多額の積立金不足を抱えたりするなどの問題が数多くあります。

このような状況では、**公的年金だけでは老後の生活費などをまかなうのは困難**です。足りない分は自分自身で準備しなければなりません。そのためにも、老後に向けた家計の見通しを立てておく必要があります。

また、老後の資金だけではありません。老後を迎えるまでには、教育資金や住宅資金などをはじめ、さまざまなお金の問題に直面します。ですから、将来に向けたお金の問題について、早いうちからしっかりと考えていかなければならないのです。

超高齢社会 → 老後のお金は公的年金だけではまかなえない → 老後の資金を自分自身で準備する必要がある

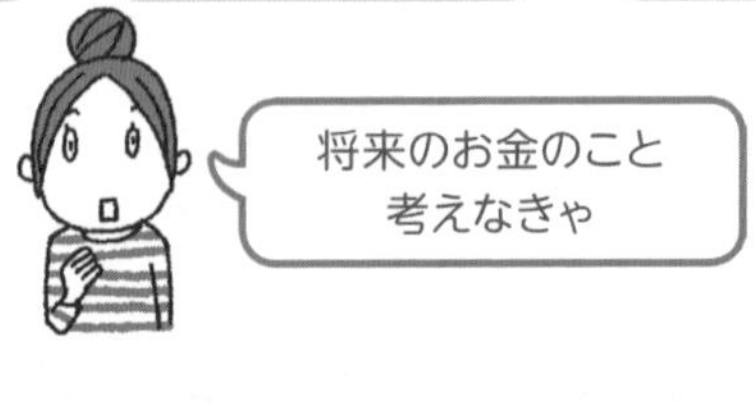
将来のお金のこと
考えなきゃ

どうして資産運用が必要？

運用によって軽減できるリスクもある

資産運用とは、貯蓄や投資などによって、効率的にお金（資産）を増やしていくことです。別の言い方をすると、お金自身に働いてもらい、増えてもらうことといえるでしょう。

資産運用は私たちの生活において、不可欠とまではいえないかもしれませんが、**運用によって軽減できるリスクもある**のです。

先ほど触れたように、日本人の平均寿命は長くなり、公的年金は先細りとなっています。このまま少子化が解消されないと、年金額はどんどん目減りしていくことが予想され、老後資金の必要性はますます高まっていきます。

長生きがお金の面でのリスクとなってしまう状態では、資産運用によってお金を増やすことが、そのリスクを軽減する方法の1つといえます。

また、景気と物価の波は常に変動していますが、この波は私たちの家計にもかかわっています。たとえば、インフレになるとお金の価値が下がってしまいます。現在はインフレの時代ではありませんが、今後どのように変動するかは誰にもわかりません。

将来、インフレの時代を迎え、それが長期にわたると、貨幣価値が大きく下落することになります。**資産運用によって少しずつお金を増やしていくことによって、このリスクをカバーすることができる**のです。

インフレになる（物価が上がる）と、その影響によって商品の値段が上がります。たとえば、1個10,000円のものが1個11,000円に値上がりすると、10,000円では買うことができなくなります。つまり、お金の価値が下がったことになるのです

2つの制度には節税メリットがある
「NISA」&「iDeCo」は資産運用に最適！

これから資産運用を考えていくときに、最適な制度があります。それは、**2018年1月にスタートしたつみたてNISAと、2017年1月に対象者が拡大されたiDeCo**です（↓下の表を参照）。ここに一般NISAを加えたこれらの制度は、資産運用を行う際の税制が優遇されています。

NISAは、**「NISA口座（非課税口座）」内で、毎年一定金額の範囲内で購入した金融商品から得られる利益が非課税になる**制度です（通常は利益に対して約20％の税金がかかる）。そして、**つみたてNISAは少額からの、長期にわたって運用する場合の非課税制度**です。

税金については第2章で、NISAとつみたてNISAについては第3章でくわしく解説します。

iDeCo（個人型確定拠出年金）は私的年金の制度で、「自分年金」といえるものです。iDeCoへの加入は任意で、自分で申し込み、自分で掛金を拠出し（支払い）、自分自身が運用方法を選び、掛金とその運用益との合計額をもとに給付（年金）を受けることができます。

また、**iDeCoには、掛金、運用した利益、そして給付を受け取るときに、税制上の優遇措置が講じられています。**

iDeCoについては第4章でくわしく解説します。

資産運用を行う場合には、これら税制上の優遇がある制度を検討していくとよいでしょう。

「つみたてNISA」と「iDeCo」の概要

	つみたてNISA	iDeCo
利用できる人	20歳以上の居住者	20歳以上60歳未満の居住者
投資可能期間	2037年まで	掛金の拠出は60歳まで
非課税期間	最長20年	運用期間を通じて非課税（最長70歳まで）
非課税投資限度額	40万円／年	5,000～6万8,000円／月※
利用できる金融機関	銀行・証券会社	銀行・証券会社・保険会社
投資対象商品	一定の条件を満たした投資信託	定期預金・保険・投資信託
資産の払出し	制限なくいつでも可能	原則として60歳以降（途中で引き出しはできない）

※個人事業主、会社員、公務員、専業主婦など、働き方によって異なる

もくじ

第2章 主な金融商品を知る 40

第3章 NISAを始めよう！

第4章

iDeCoを始めよう！ 94

第5章 年齢・タイプ別「つみたてNISA」「iDeCo」の活用法 128

第1章

資産運用の基本の「キ」

将来に備えて資産運用を始めてみようと思ったら、まずはライフプランを立てることから始めましょう。ライフプランとは、「将来、こうなりたい」「こういうことをしたい」というような、個人が持つ夢や希望の計画、人生の設計図ともいえるものです。そして、ライフプランをもとに資金計画を立て、資産運用について考えていきましょう。

01

将来に備えて人生の設計図を描く

資産運用のスタートはライフプランから

ライフプランとは？

将来に備えて資産運用を始めてみようと思ったら、まずは自分と家族のライフプランを立てるところからスタートさせましょう。

ライフプランとは、生涯にわたっての、自分と家族の生活の設計のこと。つまり「生涯の生活設計」のことです。これは、「将来、こうなりたい」「こういうことをしたい」というような、**個人が持つ夢や希望の計画であり、人生の設計図**ともいえるでしょう。

具体的には「3年後には結婚したい」「5年後にはマイホームを購入したい」「子どもにはこういう教育を受けさせたい」「年に1回は旅行に行きたい」といった計画がライフプランです。ライフプランを立てることは、言い換えると、**目的のある生活、プラン・見通しのある生活を創造すること**ともいえます。ライフプランによって、漠然としていた将来に対する考えも、より具体的で現実的になるのです。

ライフプランの立案から始めよう

資産運用は、「ただお金が増えればいい」というものではありません。目的・プランに基づいて資産運用を考えていかなければなりません。なぜなら、老後に備えるためなのか、子どもの教育費のためなのか、マイホームの頭金を貯めるためなのかなど、**目的によって運用期間や運用先など、運用方法が異なる**からです。

ですから、まずは自分と家族の将来の設計図であるライフプランを立てるところから始めましょう。

POINT

最近では「人生 100 年時代」などといわれています。長寿社会を迎えて長くなった全生涯を通じ、いかに豊かな人生を築くかという「生涯の生活設計」の必要性があらためて問われています。

自分と家族のライフプラン

3年後に結婚

5年後に
マイホーム

年に1回は
旅行

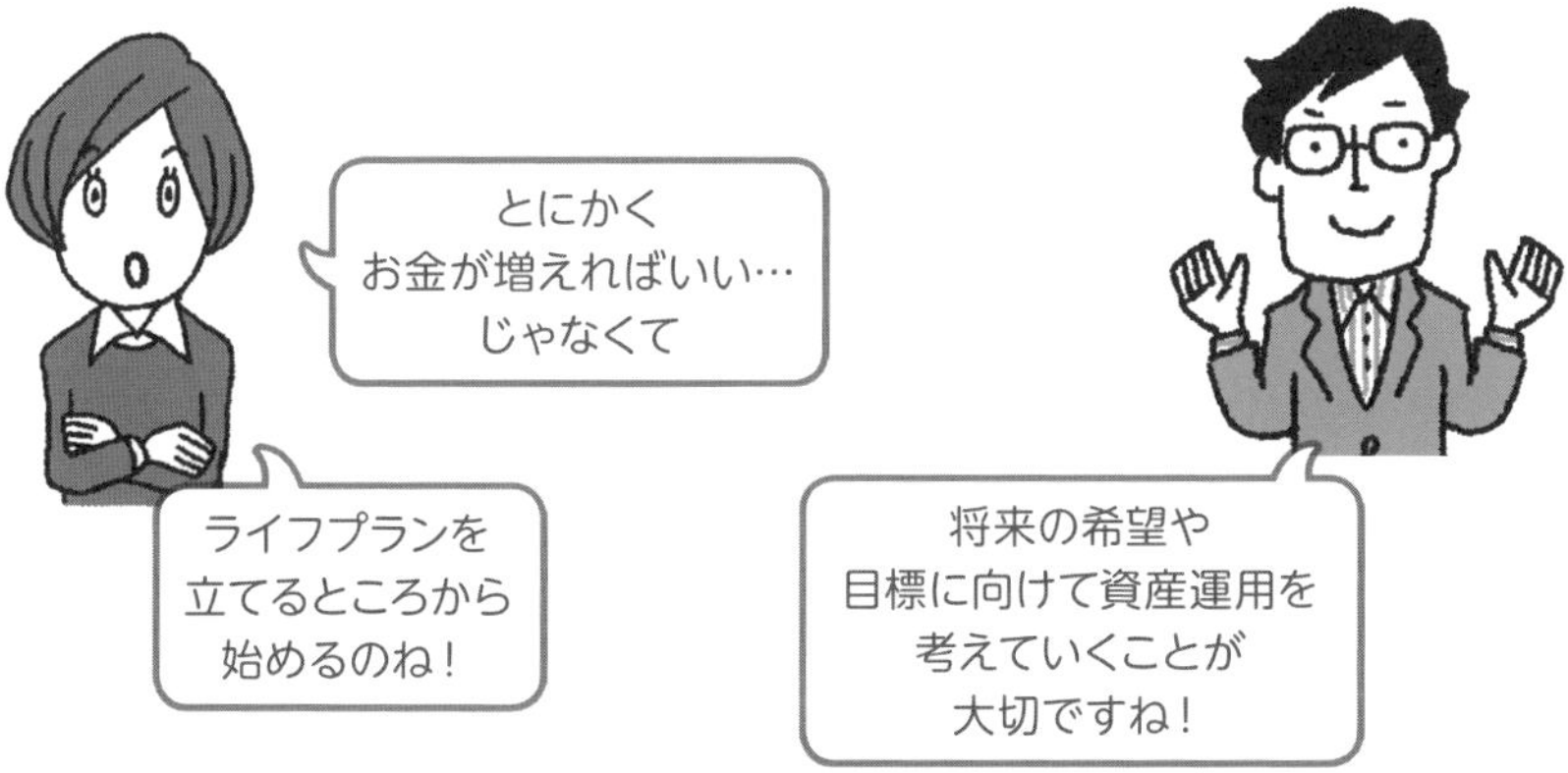
とにかく
お金が増えればいい…
じゃなくて
ライフプランを
立てるところから
始めるのね！
将来の希望や
目標に向けて資産運用を
考えていくことが
大切ですね！

誰もが必要なライフプラン

ライフプランを考えるうえで大切なことの1つに、「特定の世代だけを対象にしたものではない」ということがあります。「独身だから関係ない」「子どもを育て上げたから、今さら必要ない」と考える人がいるかもしれません。しかし、社会人となった以降のどのような年代の人にとっても、また、どのようなライフスタイルの人にとっても、ライフプランは必要なものなのです。

はみ出しメモ ライフプランの前提となり、方向づけるものとして「ライフデザイン」がある。これは「結婚や出産についてどう考えるか」など、個人の基本的な生き方や人生に対する価値観が表れたものである。

02

資金計画はライフイベントごとに

自分と家族に起こるできごとはさまざまある

ライフイベントとは?

実際にライフプランを考えるうえで、どのようなテーマやライフイベントがあるのでしょうか。**ライフイベントとは、自分と家族に起こるできごとのこと。**結婚、子どもの誕生、子どもの入学・進学、海外旅行、住宅購入、定年退職、公的年金の受給開始など、さまざまなものがあります。

資金計画を立てよう!

ライフプランを実行していくためには、お金をどう確保していくのか、計画を立てる必要があります。ライフイベントごとにお金がかかるので、**必要な資金の計画を立てることは、ライフプランを実現するためには欠かせません。**

そこで、ライフプランに沿って想定されるライフイベントで必要となる予想支出額を設定します。そして、必要となる予想支出額を、イベントを迎えるまでの期間の年数で割って、毎年積み立てておくべき金額を見積もりましょう。

たとえば、５年後に購入するマイホームの頭金として５００万円必要なら、５００万円÷５年＝１００万円ずつを積み立てていきます。そして、運用の期間を検討していきましょう。

主なライフイベント

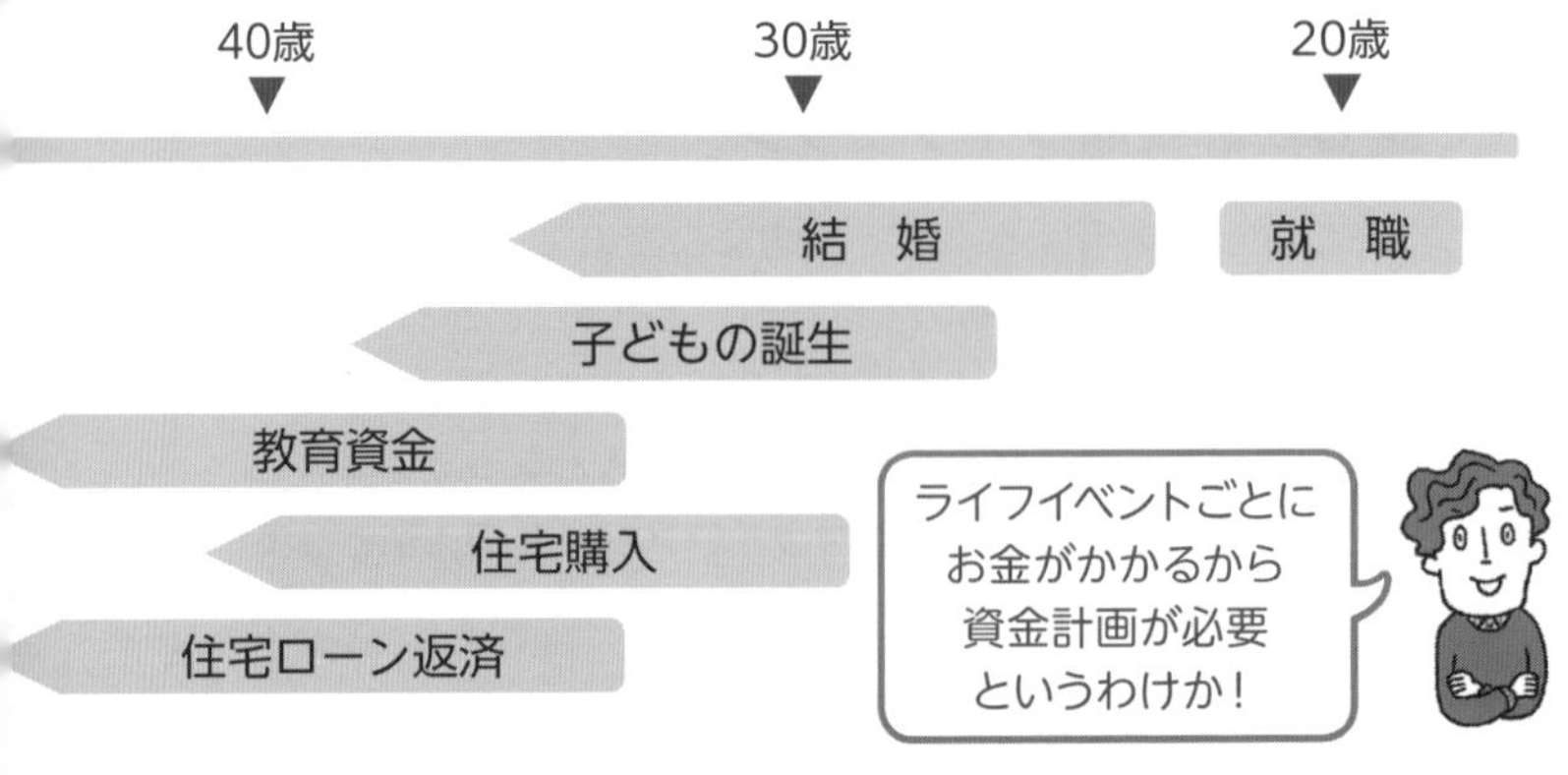

資金計画 記入表

ライフプランから想定されるイベントを書き出し、それぞれの目標達成期間、目標金額、目標金額を達成するために必要な年間の積立額を記入していきましょう。

イベント	目標達成期間	目標金額	年間の積立額
(例) マイホーム購入の頭金	5 年後	500 万円	100 万円
	年後	万円	万円
	年後	万円	万円
	年後	万円	万円
	年後	万円	万円

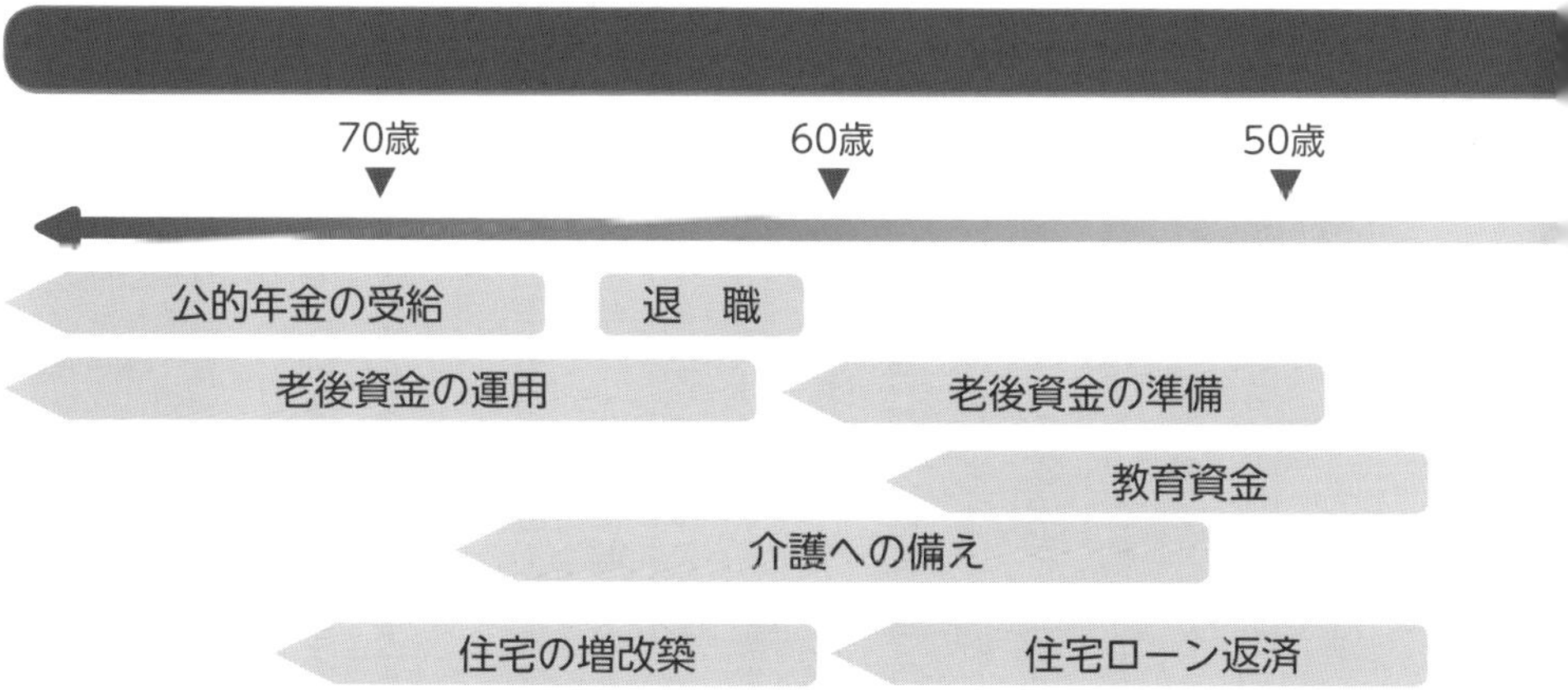

用語 **ライフイベント**　ライフデザインは多様化しており、主たるライフイベントの時期が前後したり、個々人で重要度が異なったりする。上の図は、一般的にこのような傾向にあるというものである。

03 手持ち資金を仕分けしよう！

使い道が決まっているかどうか、お金を4つに分類する

お金を4つに分類しよう！

ライフプランを立て、ライフイベントごとに予想支出額を把握したら、続いて手持ちのお金の仕分けをしましょう。

手持ちのお金、毎月（毎年）入ってくるお金には、すでに使い道が決まっているお金と、とくに決まっていないお金があります。まずは、お金を次の4つに分類してみます。

①**生活資金**…日常の生活費などに使うためのお金

②**使用予定資金**…今後10年以内に使う予定があるお金。子どもの教育費やマイホーム購入のための資金など

③**余裕資金**…今後10年以内に使う予定がないお金。老後のための資金など

④**緊急資金**…急な出費に備えるためのお金

4つの資金のそれぞれの性質

これら4つの資金にはそれぞれ次のような性質があります。

①生活資金と④緊急資金は、減らすことができない、しっかり確保しておかなければならないお金です。②**使用予定資金は、目的や運用期間に合わせて、運用方法を検討して**いきます。また、③**余裕資金については、投資などに回すことができる、積極的に増やせるお金**であると考えることができます。

ですから、①生活資金と④緊急資金は、元本保証（↓P42参照）があり、かつ、すぐに引き出すことができる金融商品に預けておく（貯蓄する）ようにしなければなりません。

②使用予定資金は安全性が高く、かつ通常の預貯金よりも高い利回りを目指す金融商品での運用を、③余裕資金は投資に回すなどの積極的な運用を検討していきます。

それぞれの資金の運用方法は28ページで解説します。

手持ちのお金を４つに分類する

①生活資金	②使用予定資金	③余裕資金	④緊急資金
しっかり確保しておく	運用方法を検討	積極的に運用	しっかり確保しておく

お金を4つに
分類するわけね

緊急資金の目安は？

病気やケガ、失業、その他急な出費に備えるためのお金が緊急資金。緊急資金はどのくらい必要なのでしょうか。これについては、その人の年齢や家族構成、収入・支出の状況などによって大きく異なります。目安は生活費の３カ月～１年分程度といわれ、少なくとも生活費３カ月分は確保しておくことが望ましいといえるでしょう。

１カ月の生活費 × ３カ月以上 ＝ 緊急資金

用語
元本　預けたり、投資したりした元のお金。
元本保証　元本が目減りしないことが約束されていること。

04

資産運用でよく出てくる言葉の意味を理解する

貯蓄と投資、金利と利回りとは？

貯蓄と投資の違いを理解する

これまで、「貯蓄」「投資」という言葉を使ってきましたが、ここで言葉の意味を確認しておきましょう。

貯蓄とは、誰もがイメージするように、**定期預金などの安全な金融商品にお金を預けて利息を受け取る方法**です。利息はあまりつきませんが、預けたお金は元本が保証されています（元本保証→P42参照）。

一方、**投資は価格が変動するタイプの金融商品を購入して、元本の成長や配当に期待する方法**です。代表的なものとして株式投資があります。投資は運用がうまくいけば大き

貯蓄

お金を蓄えること。銀行の普通預金や定期預金などに預け入れるのが一般的。大きく増やすことはできないが、元本を守りながら安全に資産運用できる。

↓

あまり増えないが、元本保証あり

投資

将来有望と思われる企業やモノに資金を投じること。金融商品の場合、株式や投資信託を購入して、その運用成果に期待すること。運用がうまくいって利益が得られる可能性がある反面、損失を被る可能性も持ち合わせている。

↓

うまくいけば増えるが、損失が出ることも

これが貯蓄と投資の違いなのね！

く利益が得られる可能性がありますが、損失が出る可能性もあります。

なお、具体的な金融商品については、第2章でくわしく解説します。

金利と利回りの意味を理解する

資産運用では、「金利」と「利回り」という言葉がよく出てきますので、ここで説明しておきましょう。

金利とは、預貯金などの元本に対する利子の比率のことをいいます。通常、金利は年1回、どれだけ利子がつくのかという「年率」で表示されます。

一方、**利回りは、一定期間の投資元本に対する利息や収益の割合**をいいます。そして1年単位の割合を表したものを「年平均利回り」といいます。

単利と複利、どちらがお得？

利息のつき方には、「単利」と「複利」があります。「単利」はついた利息が元本に組み込まれませんが、「複利」はついた利息が元本に組み込まれます。このため「複利」では利息がプラスされて増えた元本に対してさらに利息がつくことになります。ですから、同じお金を同期間、同じ金利で運用した場合、複利のほうが有利になります。たとえば、100万円を年率２％で３年間預け入れた場合の満期時の元利合計は、単利、複利それぞれ次のように計算します。

〈単利〉 $100万円 + (100万円 \times \frac{2}{100} \times 3年) = 1,060,000円$

〈複利〉 $100万円 \times (1 + \frac{2}{100})^3 = 1,061,208円$

複利のほうが有利

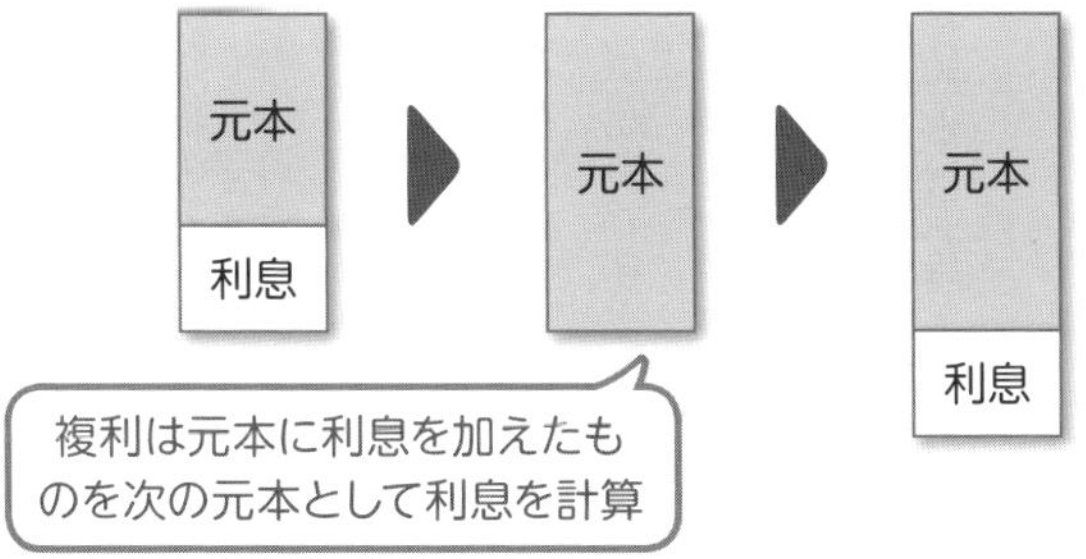

はみ出しメモ　投資に対して「投機」という言葉がある。投機は、相場の変動を利用して利益を得ようとする金融資産等の短期的な取引（売買）を示す言葉である。

05

3つの基準「安全性」「流動性」「収益性」

金融商品にも性格がある!?

性格が異なる金融商品

資産運用を行う際には、金融商品を選ぶ必要がありますが、ひと口に金融商品といっても、預貯金、投資信託、株式、債券、保険……など、さまざまな商品があります。そして、**金融商品も人と同じように、それぞれ性格が異なり、それぞれに長所・短所があります。**

ですから、金融商品を選ぶときには、それぞれが持つ性格を比較し、目的にあった商品を選択しなければなりません。

ここでは、金融商品が持つ性格について見ていきましょう（金融商品の詳細については第2章で解説）。

金融商品の3つの基準を知る

金融商品の性格を知るための手がかりとして、**「安全性」「流動性」「収益性」の3つの基準**があります。

安全性とは、金融商品に充てたお金がどの程度保証されるのか、目減りしたり、期待していた利益が得られなくなったりする可能性がないかという基準です。

流動性とは、お金が必要になったときにいつでも引き出せるか、どのくらい自由に現金に換えることができるかという基準です。金融商品によっては、すぐには換金できなかったり、中途解約のときに手数料などのコストがかかったりするものがあります。

そして収益性とは、その金融商品で運用することによってどれだけ収益（利益）が期待できるのか、期待される利益が多いか少ないかという基準です。

すべての基準を満たすものはない

「3つの基準すべてを満たしているものを選べばいいんじゃない」と思う人がいるかもしれませんが、そうはいきません。なぜなら、**3つの基準すべてを満たしている金融商品はない**からです。

金融商品の3つの基準

安全性	流動性	収益性
どの程度保証されるか	いつでも引き出せるかどうか	どれだけ収益が期待できるか

人と同じように、
金融商品にも性格があるんだな！
その性格を知るための
3つの基準を上に示しました
この3つの基準を
もとに金融商品を
選択していくわけですね！

はみ出しメモ 預金保険の対象かどうかも、金融商品の安全性を考えるうえで重要。金融機関が破たんした場合、一般預金等については、預金者1人あたり元本1,000万円までと利息等が保護される。

06 3つの基準に照らして選択する

金融商品を選ぶときには長所と短所を比較しよう

金融商品の3つの基準の関係は？

3つの基準すべてを満たしている金融商品はないという点について、話を進めていきましょう。

まず、**安全性と収益性は両立が難しい関係**といわれます。つまり「安全性が高い商品」は「収益性が低い」、「収益性が高い商品」は「安全性が低い」ということです。「普通預金」（→P43参照）と「投資信託」（→P50参照）の関係が当てはまります。

普通預金は元本が保証され安全性は高いのですが、利率が低いため収益性は低くなります。一方、投資信託は収益性は期待できるのですが、目減りする可能性があるので安全性は低くなります。

また、**収益性と流動性も両立が難しい関係**といわれます。つまり、「収益性が高い商品」は「流動性が低い」、「流動性が高い商品」は「収益性が低い」ということです。たとえば、「定期預金」（→P43参照）と「普通預金」の関係が当てはまります。

定期預金は普通預金に比べて高い利率なので収益性は高いのですが、原則として一定期間は現金化できないので流動性は低くなります。普通預金はいつでも出し入れ自由なので流動性は高いのですが、収益性は低くなります。

一方で、**安全性と流動性は両立できる関係にあります**。たとえば「普通預金」が当てはまります。

金融商品を選ぶときには、それぞれが持つ長所・短所を3つの基準に照らしながら比較しましょう。そして、目的に応じて使い分ける、また組み合わせることが大切です。

分類したお金の運用方法を考える

続いて22ページで**分類したお金ごとに、どのような運用方法が向いているのか**を考えていきましょう。

生活資金と緊急資金は、減らしてはいけないことはもちろん、いつでも現金化できて、使えるようにしておかなければなりません。ですから、安全性が高くかつ流動性の高い普通預金などが適しています。

一方、使用予定資金は、使う予定が決まっているので、使う時期に満期をあわせた定期預金などが考えられます。そうすることで、普通預金よりも少しは高い利回りを目指すことも可能です。

また、運用期間が長期にわたる場合には、さらに収益性を考慮した運用も検討できるでしょう。

余裕資金は、ほかの資金よりも大きく増やしたいので、株式や投資信託など、収益性が高い金融商品での運用が考えられるでしょう。

このように、分類したお金ごとに運用方法を検討していきましょう。

金融商品の3つの基準とその関係

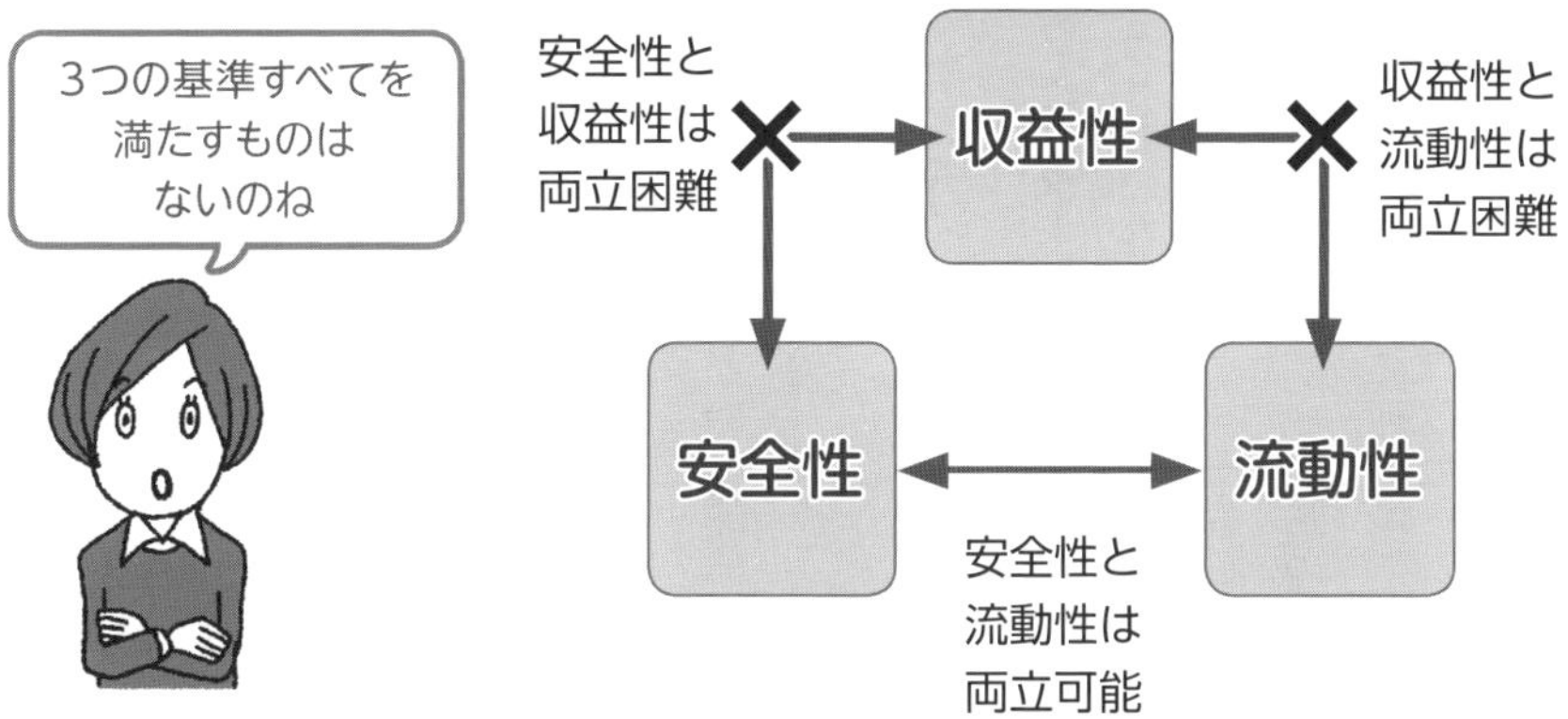

4つの資金はどこに位置する？

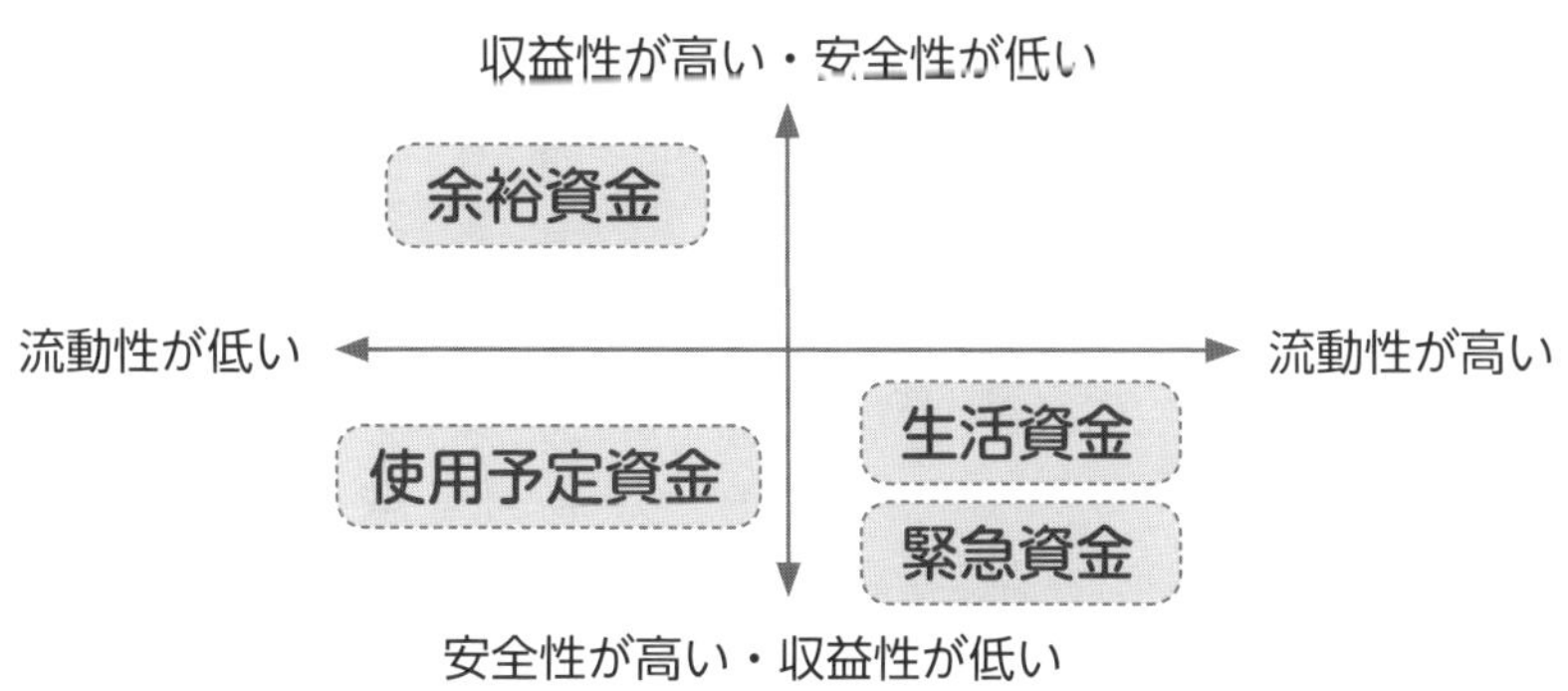

用語
普通預金 自由に預け入れ、払戻しができる預金。
定期預金 1年後、3年後など、預け入れ期間を決め、原則として満期日まで引出しができない。

07

リスクとリターンについて理解しよう！

ローリスク・ハイリターンはあり得ない

リスクとリターンの関係とは？

資産運用では、**リスクとリターンの関係について理解しておくこと**が大切です。まず、金融商品のリスクとリターンについて見ていきます。

金融商品の「リターン」とは、お金を金融商品などで運用した結果、得られるもののことです。得られるといっても利益を得ることもあれば、損失が出ることもあります。「リスク」と聞くと「危険」というイメージを持つかもしれませんが、ここでいう「リスク」とは、リターン（利益や損失）の振れる幅の大きさや、損失が発生する可能性のことで、「高いリターンを得ようとすると、リスクも高まる（ハイリスク・ハイリターン）」「リスクを低く抑えようとすると、リターンも低くなる（ローリスク・ローリターン）」という関係にあります。

リスクとリターンは表裏一体

リスクとリターンは表裏一体の関係にあるともいわれます。大きなリターン（利益）が期待できる金融商品ほど、価格が上がったり下がったりという値動きの幅（振れる幅）も大きくなります。大きく値上がりすることもあれば、大きく値下がりすることもあるので、大きな損失が生じる可能性も高くなります。つまり、高い利回りが期待できる金融商品ほど、元本割れ（金融商品の価格が当初の購入金額を下回る）などのリスクを伴うのです。反対に、リスクが低い金融商品は値動きの幅も小さくなるので、大きく値下がりする可能性は低い反面、期待できるリターンも低くなります。元本割れなどのリスクが低い金融商品ほど、利回りは低いのです。金融商品を選ぶときには、このリスクとリターンの関係を踏まえたうえで、自分にはどれくらいリスクを取る余裕があるのか、また、何のために運用するのかよく考えることが大切です。

リスクとリターンの関係

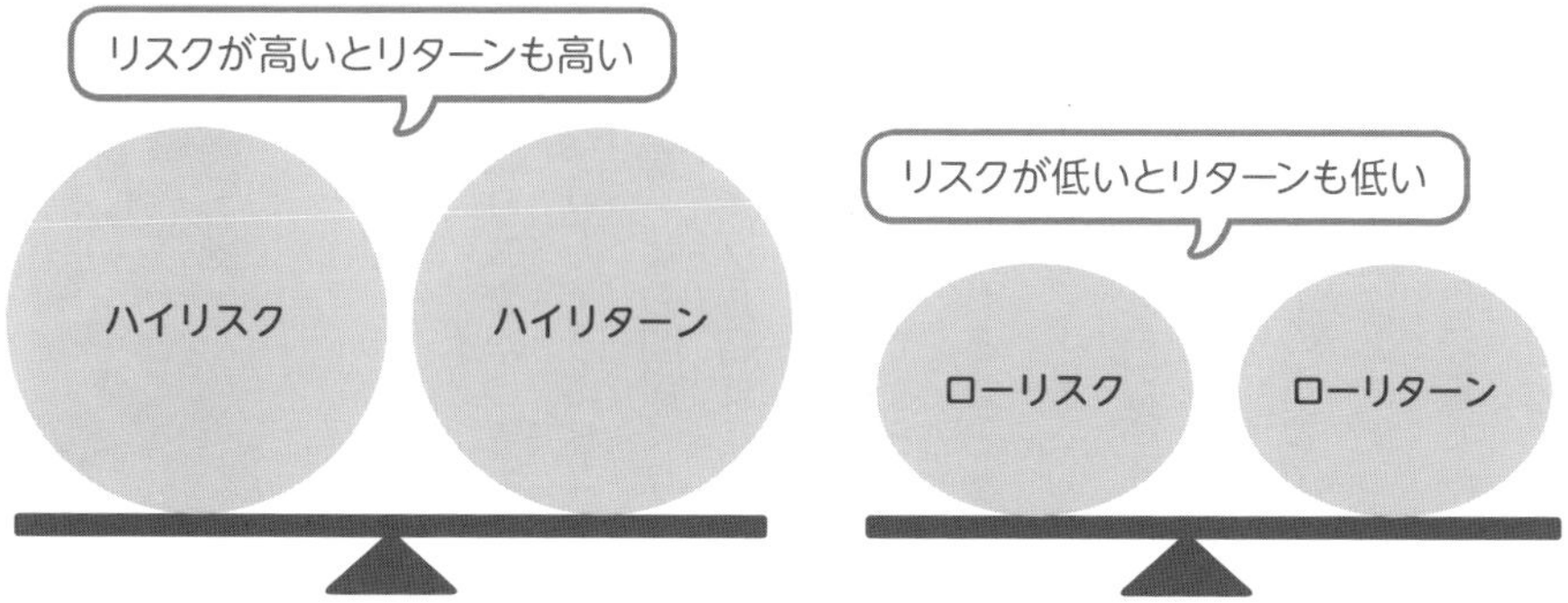

金融商品によってリスクとリターンは大きく異なる

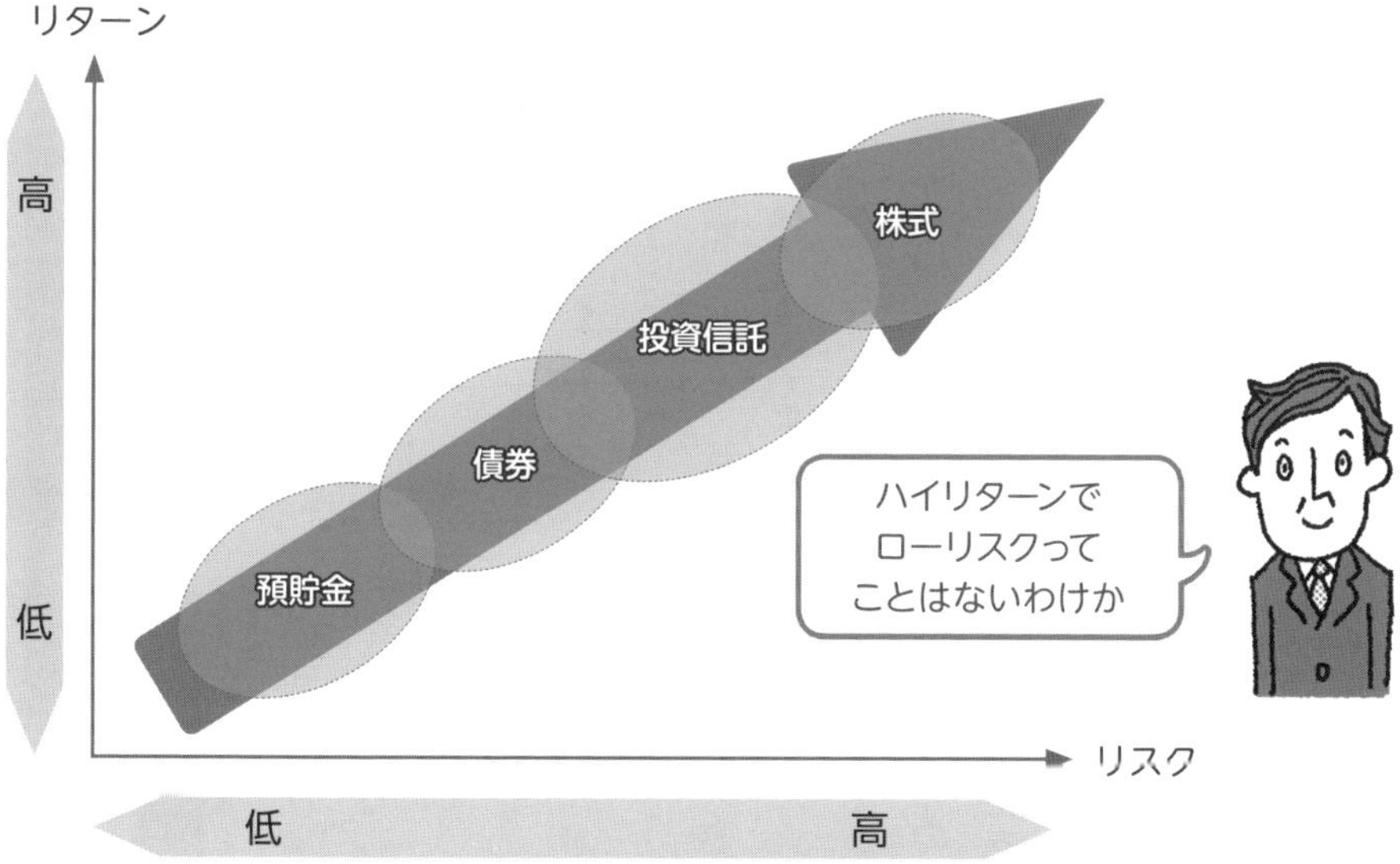

※これはあくまでイメージ図なので、必ずしもこの図のとおりであるとは限らない

この図はリスクとリターンのイメージを表したものです。株式や債券など、投資の対象の金融商品によってリスクとリターンは大きく異なります。株式はハイリスク・ハイリターンなのに比べ、預貯金はローリスク・ローリターンです。また、投資信託は投資対象によってリスク・リターンが大きく異なります。

用語 **投資信託** 投資家から集めたお金を1つの大きな資金としてまとめ、運用の専門家が株式や債券などに投資・運用する金融商品。運用成果がそれぞれの投資額に応じて分配される。

08

リスクをどれくらい受け入れられるか？

リスク許容度を把握し、無理ない運用を

リスク許容度とは？

資産運用にはリスクがつきものです。30ページで見たようにリスクとリターンは表裏一体の関係。リターンが高いほどリスクも高まります。リターンがマイナスに振れてしまった場合、どのくらいまでならマイナスになっても受け入れることができるか、その度合いのことを「**リスク許容度**」といいます。言い換えれば、**リスクをどのくらい受け入れられるかを示すバロメーター**のことです。

このリスク許容度は人によって異なります。具体的には投資した元本がどのくらいマイナスとなっても生活に影響がないか、また気持ち的に耐えられるかといったものです。

リスク許容度の測り方

それでは、自分のリスク許容度について考えていきましょう。

まず、年齢（時間）です。若い人、長い時間をかけて運用できる人ほど、たとえ損失を出しても、資金が必要な時期までに損失をカバーできる時間があります。ですからリスク許容度は高い傾向にあります。

また、家族構成によってもリスク許容度に違いが出ます。家族が少ない人は、家族が多い人に比べて支出が少ないので、リスク許容度は高い傾向にあります。

ほかには、持っている資産が多い、年収が多い人ほど、運用に回せるお金が多くなるので、リスク許容度は高い傾向にあります。また、投資経験が豊富な人のほうがリスク許容度は高くなる傾向にあります。

そして、大事なのがその人の性格です。冒険派か慎重派かという問題です。**ほかの要素でリスク許容度が高い傾向にあっても、資産が目減りすることに抵抗がある人は、リスク許容度が低い**傾向にあります。

このように、リスク許容度はその人の資産や性格（気持ち）などの余裕度ともいえるのです。

リスク許容度に応じた運用

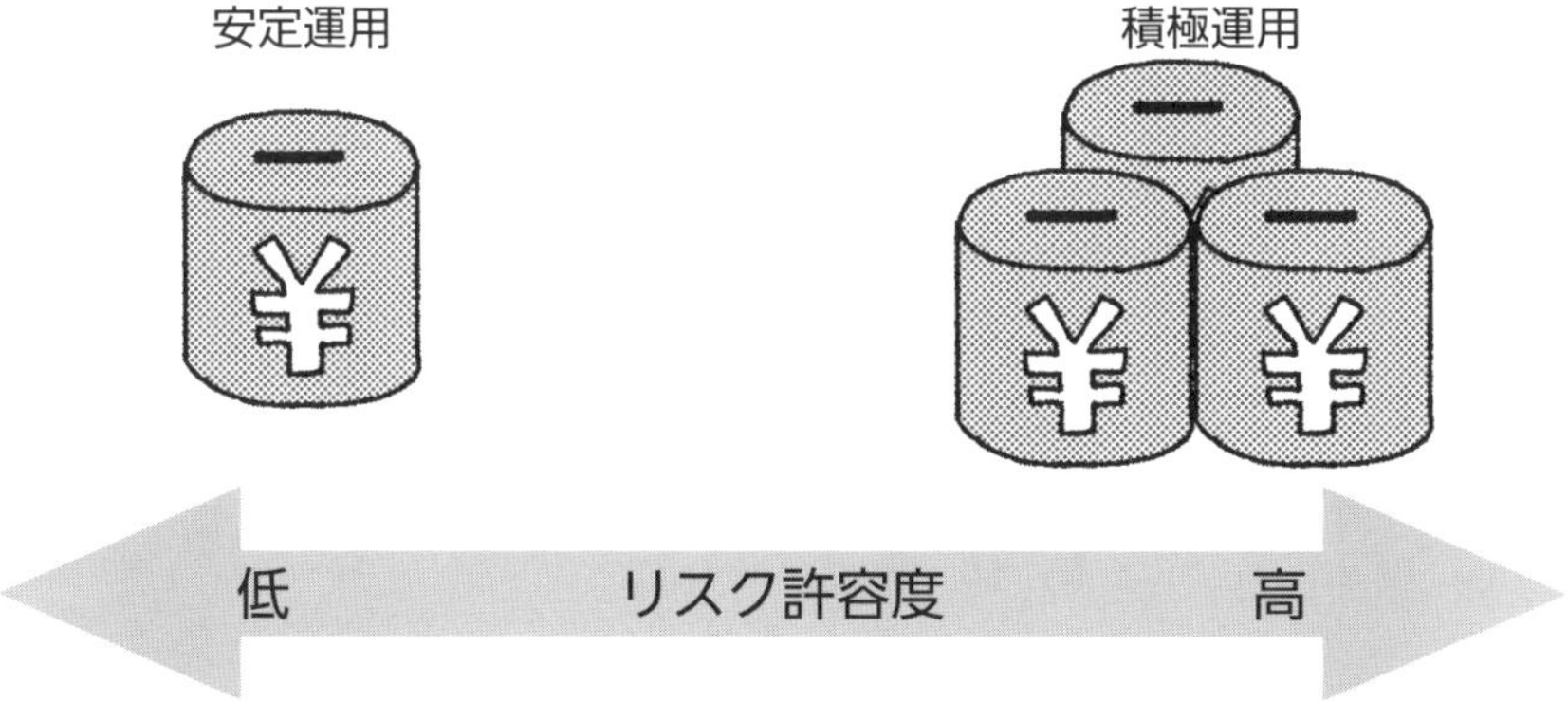
安定運用
積極運用
低
リスク許容度
高

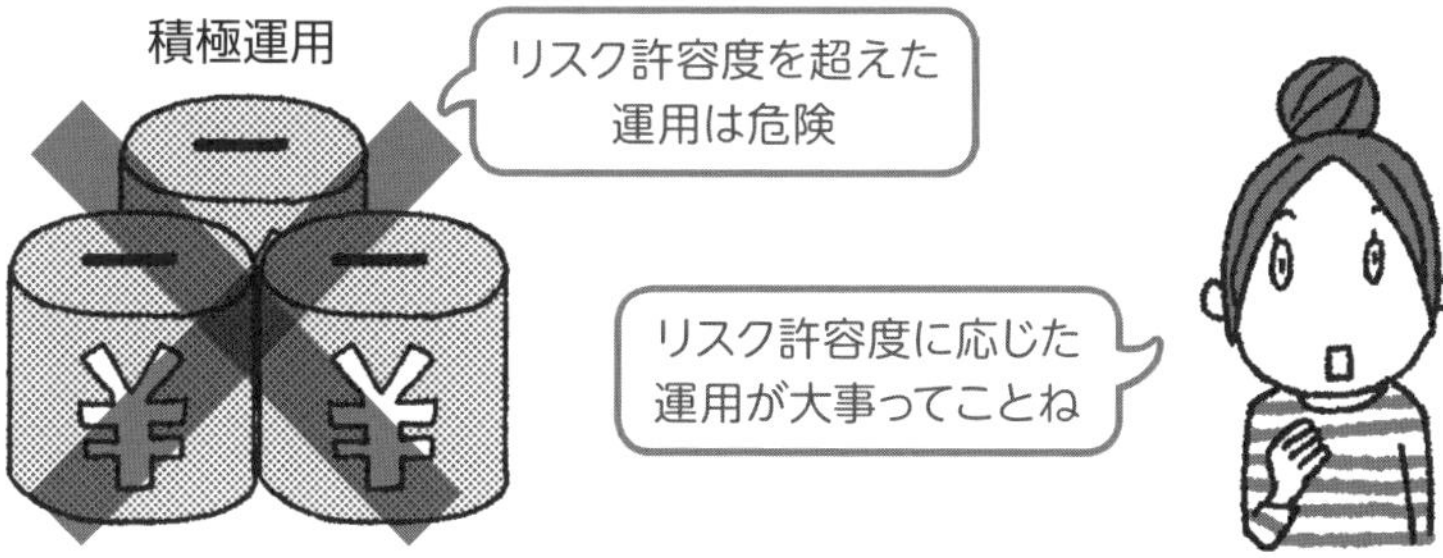
積極運用
リスク許容度を超えた運用は危険
リスク許容度に応じた運用が大事ってことね

自分のリスク許容度を把握することが大切です
冒険派
私はリスクがあってもチャレンジしていくタイプ
慎重派
私はリスクは取りたくない安定志向

POINT

リスク許容度を超えてハイリスク・ハイリターンの投資を行うと、投資対象の価格の動向が常に気になって仕事が手につかなくなったり、また大きな損失を被った場合には将来の生活に多大な支障を及ぼすことになったりします。

はみ出しメモ どの程度までなら資産が目減りしても生活に影響がなく、また運用を継続することができるか、自分の家計やライフプラン、性格などと照らし合わせて考えることが大切。

09

「卵は1つのかごに盛るな」

リスクをコントロールする方法とは？

リスク減でリターンを安定させる

金融商品にはリスクがつきものですが、そのリスクを減らしてリターンを安定させる方法に、**分散投資**があります。

次ページの卵の例と同じように、**複数の金融商品に資金を分けて投資すれば、1つの金融商品の価格が値下がりしても、資金全体の減少を防ぐことができます。**

「金融商品の分散」の方法

分散投資の方法の1つとして、複数の株式や複数の金融商品に分散して投資するといった「**金融商品の分散**」があります。

資金の全部を1つの株式に投資するのと、複数の株式に投資するのではリスクが異なります。1つの株式だけに投資してそれが値下がりすれば、投資したすべての資金が減ってしまいますが、複数の株式に投資していれば、ある株式が値下がりしても、ほかの株式は値上がりすることがあるので、リスクを減らすことができます。

1つの金融商品に集中して投資するのではなく、**株式のほか、預貯金、投資信託などさまざまな金融商品にバランスよく投資することによって、価格変動によるリスクを減らす**ことができるのです。

「時間の分散」の方法

また、一時に資金を投入するのではなく時期をずらして投資していく「**時間（期間）の分散**」もあります。

安い値段で買って高い値段で売れば利益を上げることができますが、株式や為替相場などの動きを確実に読むことはできません。時期を誤ると、高値で買ってしまうなど、損失を被ることもあります。

そこで、**投資するタイミング（時間）を分散することで、高値で買ってしまうリスクを減らします。**

卵は1つのかごに盛るな

卵を1つのかごに盛っていると、
そのかごを落とすと
すべて割れてしまう

複数のかごに分けて盛れば、
かごを落としても
割れるのは落としたかごの卵だけ

＝
リスクを分散させる

分散して投資する

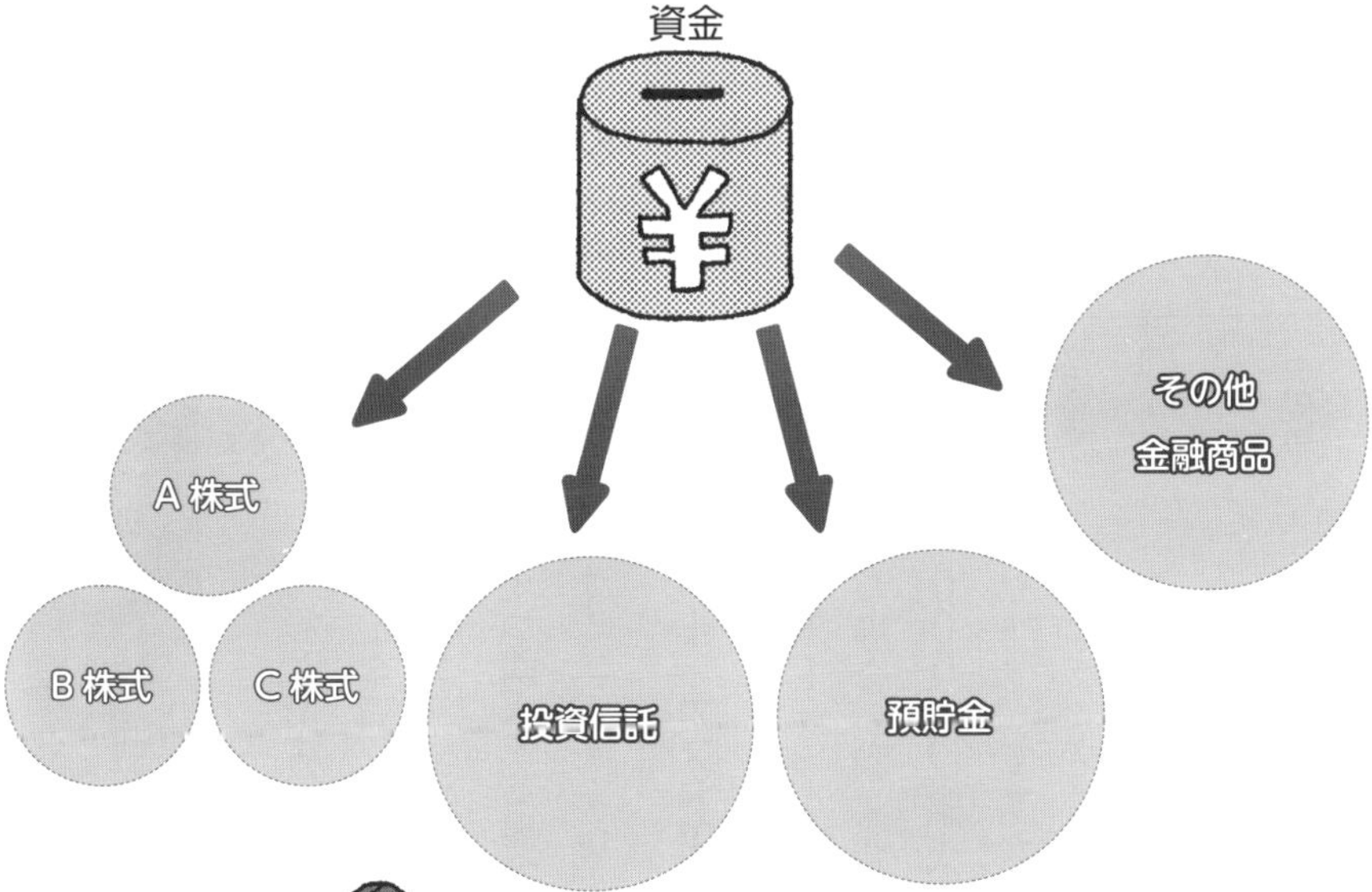

はみ出しメモ 金融商品の分散・時間の分散のほかにも、国内株式や国内債券、外国株式、外国債券に分散する「金融商品の国際分散」、円だけでなく米ドルやユーロなどに分散する「通貨の分散」がある。

10

資産運用では時間を味方につけよう！

一定金額の投資を継続することでリスクを分散

資産運用は中長期的な視点で

資産運用は気長に行うことが大切です。目先の結果だけに一喜一憂するのではなく、**中長期の視点で考えていかなければなりません**。つまり、長く運用を続ける長期運用です。

長い期間運用を行うと複利（↓P25参照）の効果が大きく働きます。運用から生じた利子や配当を再投資して継続的に運用を行うことで、効果的にお金を増やしていけるのです。

「ドル・コスト平均法」とは？

長期にわたり一定金額の投資を継続することで、リスクを分散させる効果を得ることがあります。

具体的には、株式などのように価格が変動する商品を定期的に購入する際に、毎回の投資金額を一定にする方法です。これを**ドル・コスト平均法（定額購入法）**といいます。

ドル・コスト平均法は、**価格が低いときには多く、価格が高いときには少なく買い付ける**ことになります。ですから、いわゆる「**高値づかみ**」（最も高い値段だけで買うこと）を避けることができます。そして、この方法を継続していくと、毎回同じ量を買い付けていく場合に比べ、平均の買付単価が低くなるという効果が得られます。

たとえば、同じ銘柄の株式を毎月一定金額（12,000円）ずつ購入する場合と、毎月一定株数（10株）ずつ購入する場合を見てみましょう（↓次ページの表を参照）。

ドル・コスト平均法の効果は？

毎月12,000円ずつ購入した場合、購入金額の合計は72,000円、購入株数は63株になります。ですから、平均の買付単価は、72,000円÷63株＝1,142.8……円となります。

一方、毎月10株ずつ購入した場合、購入金額の合計は75,000円、購入株数は60株となるので、平均の

一定金額（12,000円）を購入（ドル・コスト平均法）

	1月	2月	3月	4月	5月	6月	合計
株価	1,200	1,000	800	1,000	1,500	2,000	—
購入金額	12,000	12,000	12,000	12,000	12,000	12,000	72,000
購入株数	10	12	15	12	8	6	63

一定数量（10株）を購入

	1月	2月	3月	4月	5月	6月	合計
株価	1,200	1,000	800	1,000	1,500	2,000	—
購入金額	12,000	10,000	8,000	10,000	15,000	20,000	75,000
購入株数	10	10	10	10	10	10	60

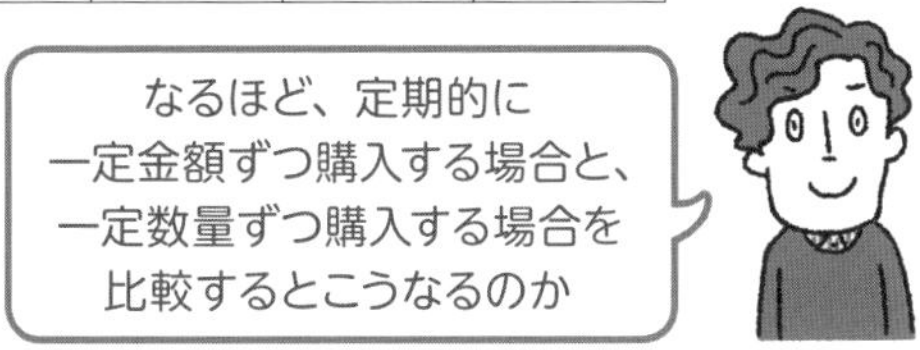
なるほど、定期的に
一定金額ずつ購入する場合と、
一定数量ずつ購入する場合を
比較するとこうなるのか

買付単価は、75，000円÷60株＝1，250円になります。

つまり、毎月一定金額ずつ購入したほうが、平均の買付単価が100円以上低くなっているわけです。

このように**時間をかけて一定金額の投資を継続することで、「時間の分散」効果が得られます。**長期運用は時間を味方につけた運用といえるでしょう。

ただし、ドル・コスト平均法は万能ではありません。投資対象の価格が中長期的に下落し続ける場合には損失が発生します。ですから、**投資対象の選択が重要になるとともに、**前項のリスクコントロールで見た**投資対象を分散させること**も考えるべきでしょう。

はみ出しメモ　金融商品の購入時には手数料がかかるので、ドル・コスト平均法を検討する際には毎回の購入の際のコストにも注意する必要がある。

11

「つみたてNISA」と「iDeCo」を活用する

上手な資産形成を考えよう！

資産形成は長期間で考える

この章の終わりに、**ライフプランを踏まえた、将来に向けてのお金の準備＝資産形成について考えていきましょう。**

仮に老後を65歳からとすると、25歳の人であれば40年、35歳の人では30年の期間があります。この間には「子どもの誕生」「子どもの進学」「マイホームの購入」といったライフイベントが想定されます。子どもの進学費用や老後の資金は十数年～三十数年といった長い期間をかけて準備することになりますが、長期間にわたって資産を形成していくには、どのような方法が考えられるでしょう。

1つは預貯金などの元本保証がある商品で行う方法です。そして、もう1つは投資信託など、価格が変動する金融商品で運用する方法です。

これまで見てきたように、預貯金よりも投資信託などのほうが、収益性が高い（利益が期待できる）という特徴があります。一方で、安全性が低く、資産が目減りしてしまう（元本割れの）おそれもあります。

預貯金には投資信託などと違って元本割れのおそれはありません。ただし、今のような金利が低い時代では、預貯金だけではなかなかお金を増やすことができません。

そこで、**長期にわたってお金を準備する期間がある場合には、預貯金だけではなく、資産形成の選択肢に収益性の高い商品を加える**ことを考えてみてもよいでしょう。

資産が目減りする（元本割れの）リスクは完全になくすことはできませんが、これを**ある程度コントロールしながら、預貯金以上にお金を増やすことが期待できる方法**があります。それがこれまで見てきた「分散投資」と「長期運用」です。

分散投資と長期運用で、上手な資産形成を考えていきましょう。

税制優遇の制度を活用しよう

長期間をかけて資産形成を行うのに適した制度があります。それは、3～10ページの導入でも触れた、**「つみたてNISA」**と**「iDeCo」**です。ともに税制優遇が魅力的な制度ですが、そればかりではなく、少額からでもコツコツと運用を行うことができるしくみになっていて、「分散投資」と「長期運用」の効果が期待できます。

それぞれの**しくみや特徴などを十分に理解したうえで活用すれば、長期の資産形成を効率的に行うことも可能**になります。2つの制度の利用を検討してみるとよいでしょう。

つみたてNISAについては第3章、iDeCoについては第4章でくわしく解説します。

つみたてNISA と iDeCo

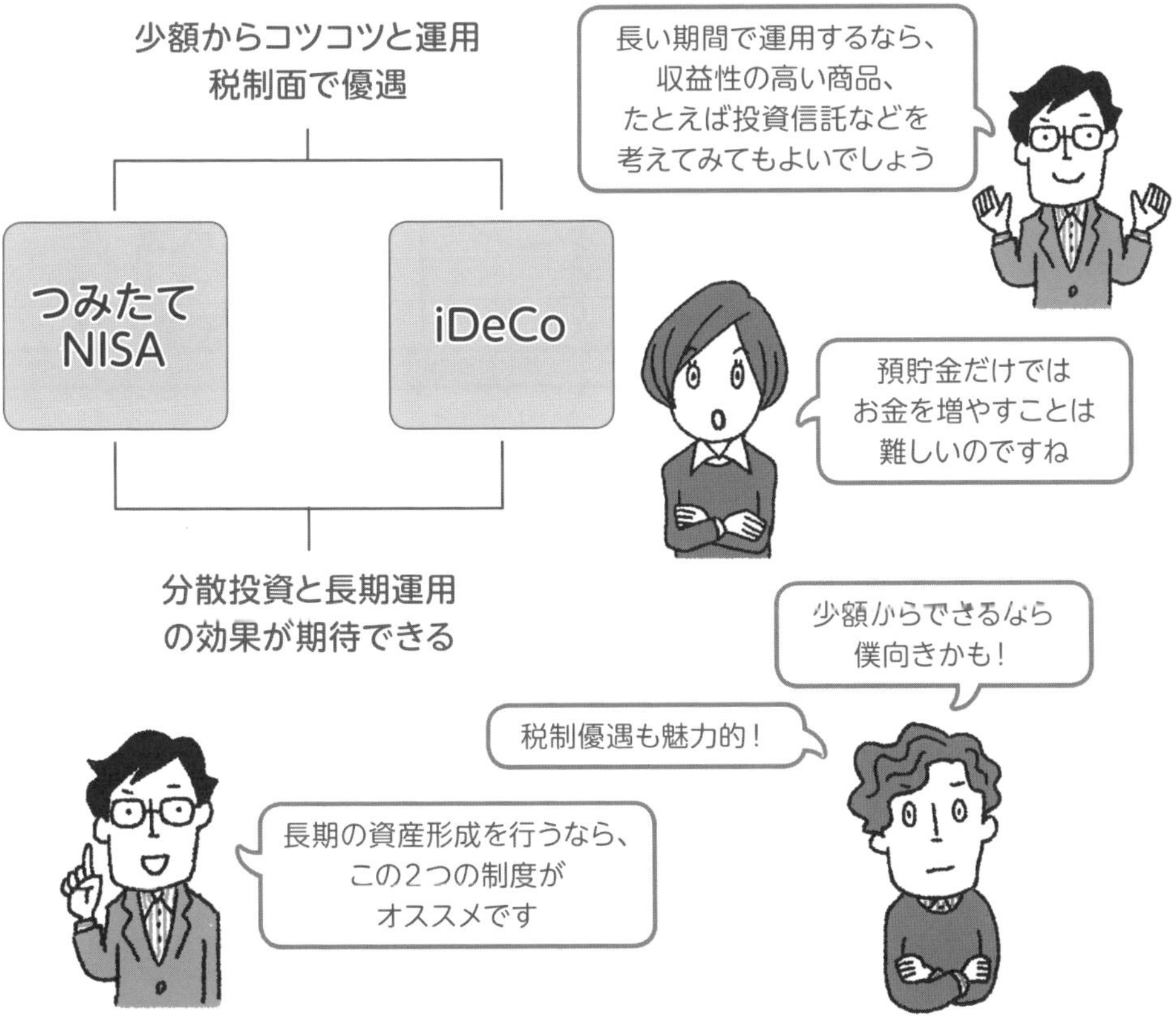
少額からコツコツと運用
税制面で優遇
つみたて NISA
iDeCo
分散投資と長期運用
の効果が期待できる
長い期間で運用するなら、
収益性の高い商品、
たとえば投資信託などを
考えてみてもよいでしょう
預貯金だけでは
お金を増やすことは
難しいのですね
少額からできるなら
僕向きかも！
税制優遇も魅力的！
長期の資産形成を行うなら、
この2つの制度が
オススメです

はみ出しメモ　資産形成については、早い時期から計画的に行っていくことが大切。

第2章

主な金融商品を知る

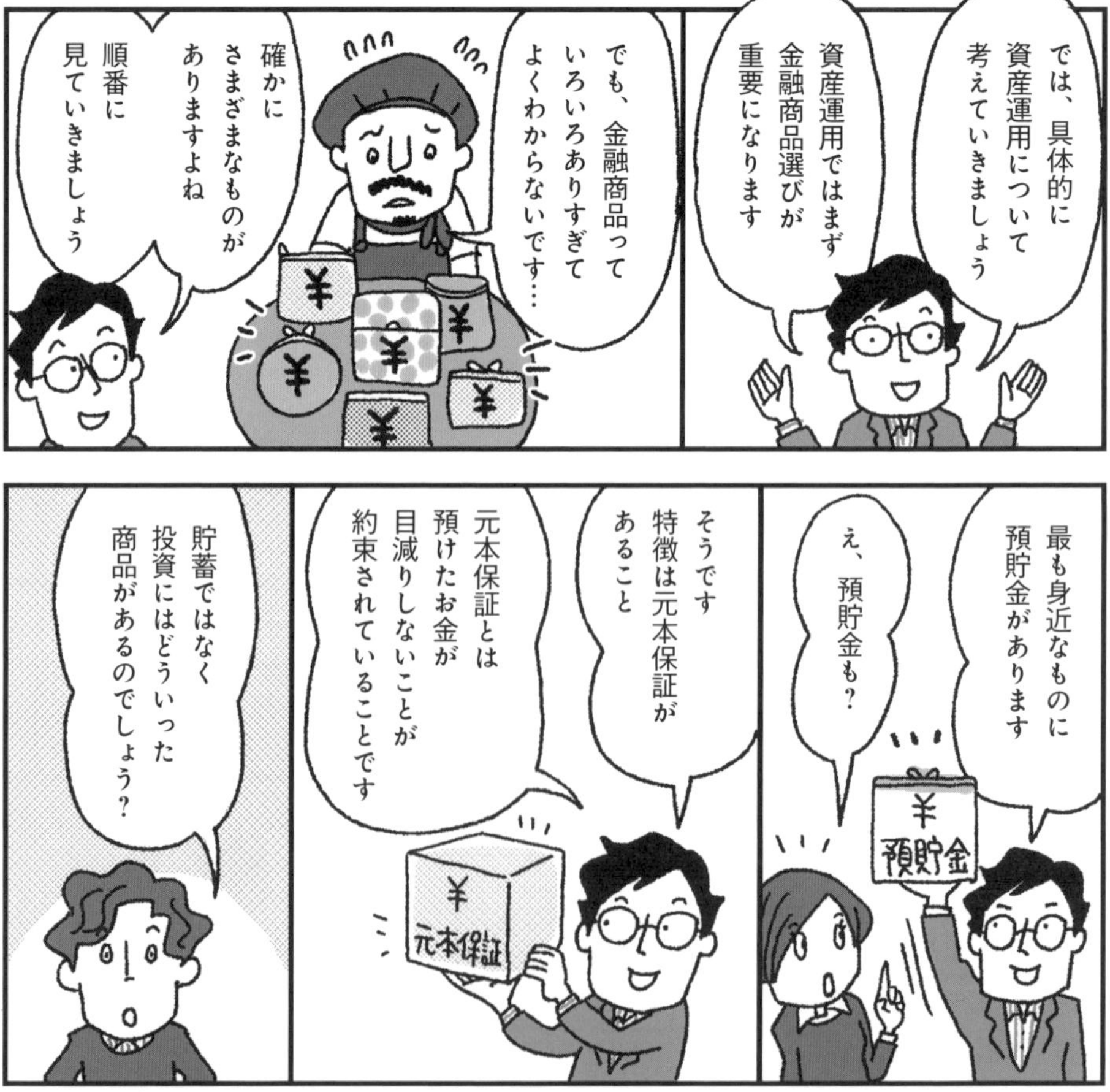
では、具体的に資産運用について考えていきましょう
資産運用ではまず金融商品選びが重要になります
でも、金融商品っていろいろありすぎてよくわからないです…
確かにさまざまなものがありますよね 順番に見ていきましょう
最も身近なものに預貯金があります
え、預貯金も？
預貯金
そうです 特徴は元本保証があること
元本保証とは預けたお金が目減りしないことが約束されていることです
元本保証
貯蓄ではなく投資にはどういった商品があるのでしょう？

資産運用では金融商品選びが重要になりますが、金融商品にはさまざまなものがあります。金融商品には、大きく分けて貯蓄商品と投資商品があります。貯蓄商品には元本保証があり、最も身近なものとして預貯金があります。そして、投資商品の代表ともいえるのが株式投資です。また、投資の初心者に最適といわれる商品として投資信託があります。

代表的なものは
株式投資で
投資の初心者に
最適といわれているのが
投資信託です
投資信託
投資信託…
投資家から集めたお金を１つの大きな資金としてまとめ、運用の専門家が株式や債券などに投資・運用する金融商品
投資家
運用の専門家
株
債券
『NISA』や
『つみたてNISA』
『iDeCo』を
利用する場合も
対象の金融商品として
投資信託を選択する
ケースがたくさんあります
NISA
つみたてNISA
iDeCo
投資信託
そのほか
債券や外貨預金など
さまざまな
金融商品があります
債券

01

目減りしては困る資金を貯めておく

ひと口に預貯金といってもいろいろある

預貯金の特徴は「元本保証」あり

資産運用では金融商品選びが重要になります。第2章では主な金融商品について見ていきましょう。

まずは預貯金についてです。**預貯金とは預金と貯金の総称**で、両者に実質的な違いはありません。

預貯金は全国各地にある金融機関で取り扱われていますが、その特徴は、何といっても**元本保証があること**。元本保証とは、**預けたお金（元本）が将来受け取るときに目減りしないこと**を、銀行などの金融機関が約束するものです。

また、取扱いの金融機関が経営破たんに陥った場合も、預貯金は預金保険制度などにより一定範囲で保護されています。**預貯金は、とても安全性の高い金融商品**といえるでしょう。

元本保証があることは、ライフプランを実現していくうえでとても重要です。将来のライフイベントでお金を使おうと思ったときに、そのお金が目減りしていては困ります。第1章で見た生活資金や緊急資金など目減りしては困る資金を貯めておくときには、元本保証があることが金融商品選びの目安になります。

また、貯蓄目標金額を設定して貯めようとするときには、一定期間（毎月、毎年など）ごとに一定額を積み立てる方式を使えば、効率的に目標を達成することができます。

預貯金は主に2つに分けられる

銀行などで扱っている預貯金にはさまざまな種類がありますが、①**流動性預貯金（普通預金、当座預金、貯蓄預金など）**と②**定期性預貯金（スーパー定期預金、大口定期預金など）**に大別されます。

流動性預貯金は期間の定めがなく、出し入れが自由な預貯金で、**定期性預貯金は預け入れ期間の定めがある預貯金**です（定期性預貯金の換金は、原則として期間満了の日〈満期日〉に限られる）。

主な預金の種類

①流動性預貯金	②定期性預貯金
普通預金…自由に預け入れ、払い戻しができる預金。銀行取引の基本となる預金 当座預金…手形や小切手の支払いに使われる預金。利息はつかない 貯蓄預金…残高が定められた金額（基準残高）以上あると、普通預金より金利が高くなることが多い。出し入れ自由	スーパー定期預金…1年後、3年後など、預け入れ期間を決めて満期日まで原則として引き出しができないが、普通預金より金利が高い 大口定期預金…1,000万円から預け入れ可能な定期預金で、金額と期間に応じた金利が設定される 積立定期預金…毎月、決まった日に積み立てをして、目標額を目指す定期預金
↓ 生活資金の出し入れ、いざというときの緊急資金の準備などに利用	↓ すぐには使わない資金の運用、元本割れしては困る資金の保存、将来の支出計画に備えた資金積み立てなどに利用

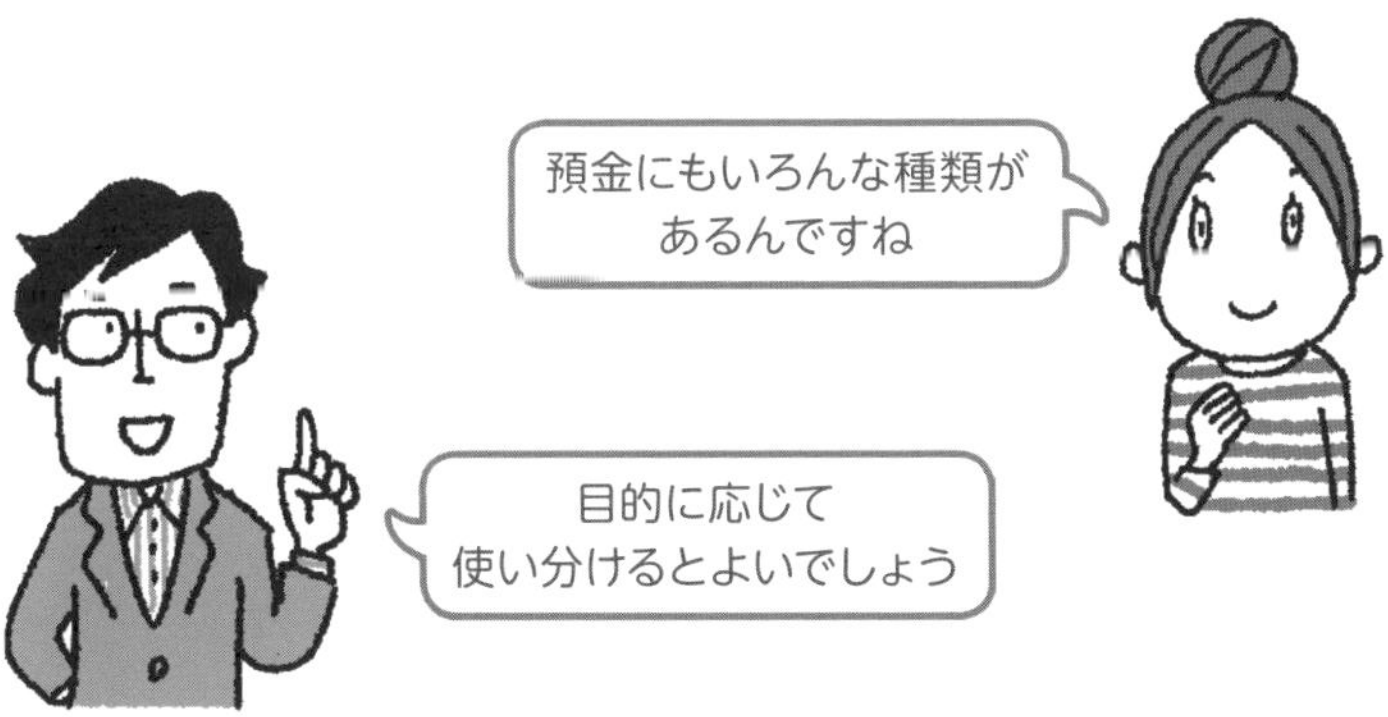
預金にもいろんな種類があるんですね
目的に応じて使い分けるとよいでしょう

用語 **預金・貯金**　銀行や信用金庫などでは「預金」と呼ぶのに対して、ゆうちょ銀行（旧郵便局）や農業協同組合（JAバンク）などでは「貯金」と呼ぶ。

02

値上がり益や配当金を得られることも

株式とは？ 株式投資のメリットとは？

投資の代表「株式投資」

投資の代表ともいえるのが**株式投資**です。まずは、そもそも株式とはどのようなものなのかから考えていきましょう。

株式は、一般に「株」とも呼ばれ、会社が活動していくのに必要な資金を集めるために発行されます。会社が活動していくためには、事務所や工場等の設備、商品をつくったりサービスを提供したりするための資金が必要です。その**資金を大勢の個人やほかの会社などから提供してもらい、それをもとに活動し、利益を上げることを目的とした会社が株式会社**です。

株式会社のしくみ

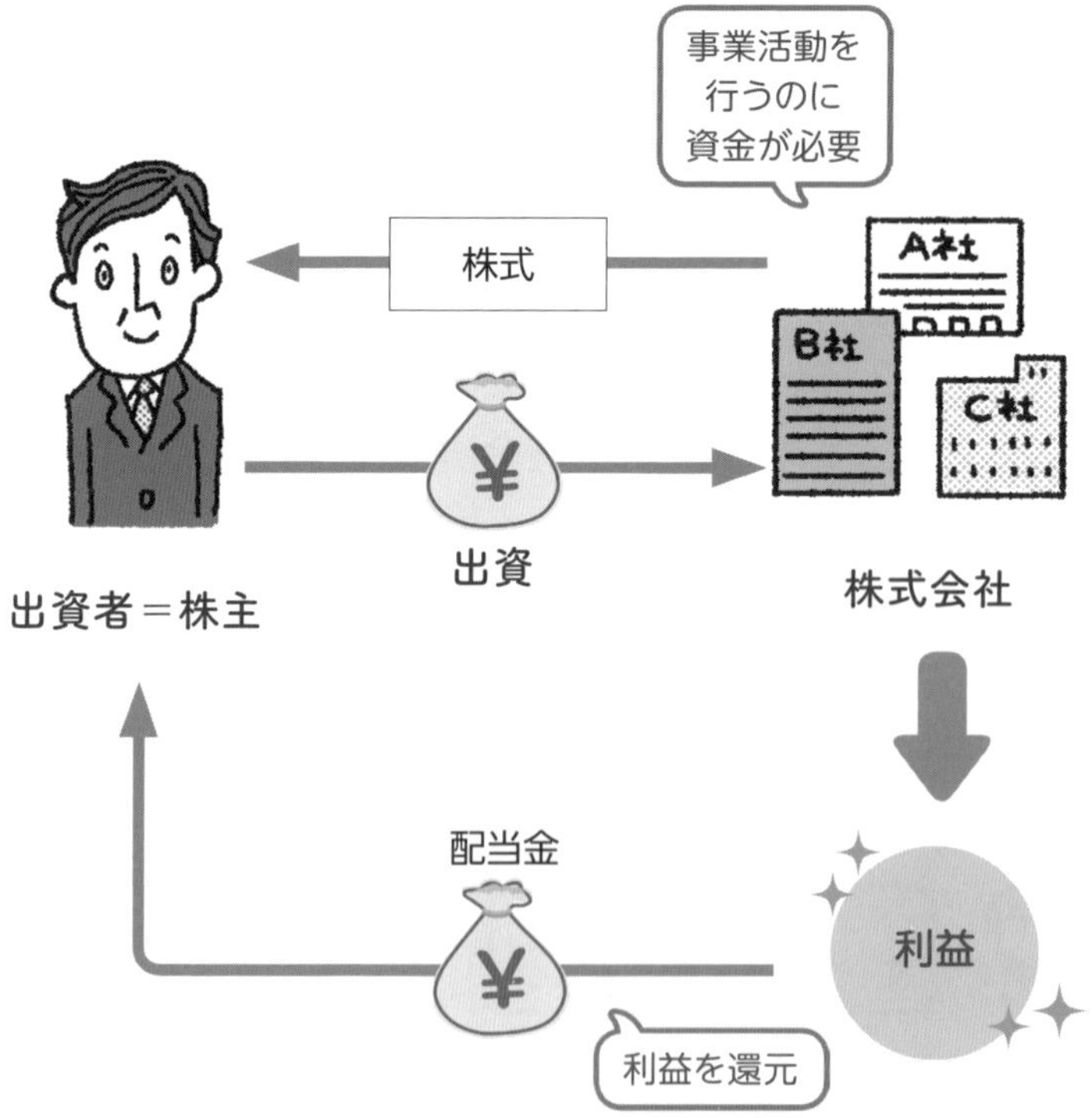

会社の活動のために資金を出す人を、一般に出資者あるいは投資家といいますが、**株式会社への出資者は株主と呼ばれます。**株主は株式会社の出資者なので、**会社が事業活動を行って利益が出たら、その利益の還元として配当金を受け取ることができます。**

株式投資のメリットを知ろう

証券取引所（金融商品取引所）に上場されている株式は、証券会社を通して自由に売買することができます。ですから、安く買って、高く売れば、値上がり益を得ることができます。たとえば、1,000円で買った株式を1,200円で売れば、差額の200円の値上がり益を獲得することができます。また、すでに触れた配当金を受け取れる点、株主優待がある点も株式投資のメリットといえるでしょう。

株式投資のメリット

株式投資には
このようなメリットが
あります

値上がり益

株式投資の最大のメリット。預貯金は、安全性が高い反面、収益性には限度がある。株式投資には、預貯金にはない大きな収益が期待できる。とくに現在のように預貯金の金利が低い状況では、大きな魅力といえる。

配当金

会社が出した利益の中から、株主に対して支払われるお金。ただし、必ず支払われるというものではなく、会社が支払うと決めたときにだけ支払われる。そのため、利益があっても支払わない会社や、利益がなくても支払う会社もある。

株式投資
始めてみようかな

株主優待

会社が株主に対して自社製品や優待券、サービス券等を無料で進呈すること。デパートやファミリーレストラン、ファストフード店なら割引券、食品会社なら自社製品、鉄道会社は回数券や全線パス、映画・劇場会社なら招待券や優待券といったものがある。

はみ出しメモ 株価の値上がりによって得る収益を「キャピタルゲイン」、配当金で得る収益を「インカムゲイン」という。

03 株式投資にはどのようなリスクがある？

分散投資である程度リスクを抑えることが可能

株式投資のリスクは主に2つ

前項では株式投資のメリットを見ましたが、一方で株価が値下がりするというリスクもあります。

たとえば、銀行などの預貯金の利息は、預けたときに1年後にいくらもらえるか予測でき、その額はほぼ確定します。つまり、**預貯金のリスクはきわめて低く、安全性が高い**といえます。

それに対して、株式の値段である**株価は、1年後どうなっているかはまったく予測できません。**ですからリスクが高いといえます。これは株価に関していえば、どれだけ下がってしまうかわからないという意味だけでなく、どれだけ上がっているかも予測できないという意味も持っています。

そして、株式投資においての最大のリスクが、会社の倒産です。投資対象の会社が倒産してしまうと、株式は無価値になってしまいます。ですから、**値下がりの心配をする前に、まず倒産しない会社を選ぶことが大切**です。証券取引所で株式の売買が認められている会社（上場会社）は、経営状態のしっかりした会社が多いのですが、それでも倒産する会社はあります。できるだけ、経営基盤がしっかりしている会社を選ぶようにしましょう。

株価値下がりリスクは回避できる？

株式投資には株価の値下がりリスクがありますが、このリスクを回避する方法はないのでしょうか。

残念ながら**リスクを完全に回避する方法はありません。**どんなに業績のよい会社や成長が見込まれる会社であっても、株価が上がり続けている会社はありません。

また、会社の経営状況には変化がないのに経済や政治情勢によって株式市場全体が値下がりし、それにつられて株価が値下がりすることはよくあることです。

分散投資でリスクを抑える

ですから、値下がりそのものを完全に避けることはできないのです。

そこで、値下がりリスクへの対処として、**いかに値下がり幅を少なくするか、つまりリスクを抑えるかを考えます。**その方法には、34ページで紹介した分散投資があります。1つの銘柄（会社）だけに投資するのではなく、**複数の銘柄に分散させて投資する**ようにします。また、**一度に投資するのではなく投資の時期を分散**させます。そうすることによって、ある程度リスクを抑えることが可能になるでしょう。

株価は変動する

株価

株価は
値上がりすることもあれば、
値下がりすることもある。

値上がりする

どのくらい値上がりするかは、予想できない

値下がりする

値下がりを完全に回避することはできない

株式投資の心得

株式投資には、次のような「３つの余裕」が大切であるといわれています。
(1)**資金の余裕**…余裕資金で投資すること。
(2)**時間の余裕**…株価が値上がりするのを待っていられる時間的な余裕を持つこと。
(3)**心の余裕**…株価や相場の変動を冷静に判断する余裕を持つこと。

株式投資には
値下がりリスクが
あるんですね
そうです。
ですから投資対象や
投資時期を分散させて
リスクを抑えるように
するわけですね

用語 **上場**　証券や商品が取引所などにおいて取引されていること。上場にあたっては、取引所などが定める上場基準を満たし、上場審査に合格しなければならない。

04

証券会社を通じて売買・ネット証券ならインターネット上で

株式に投資するにはどうすればいい？

株式売買の流れ

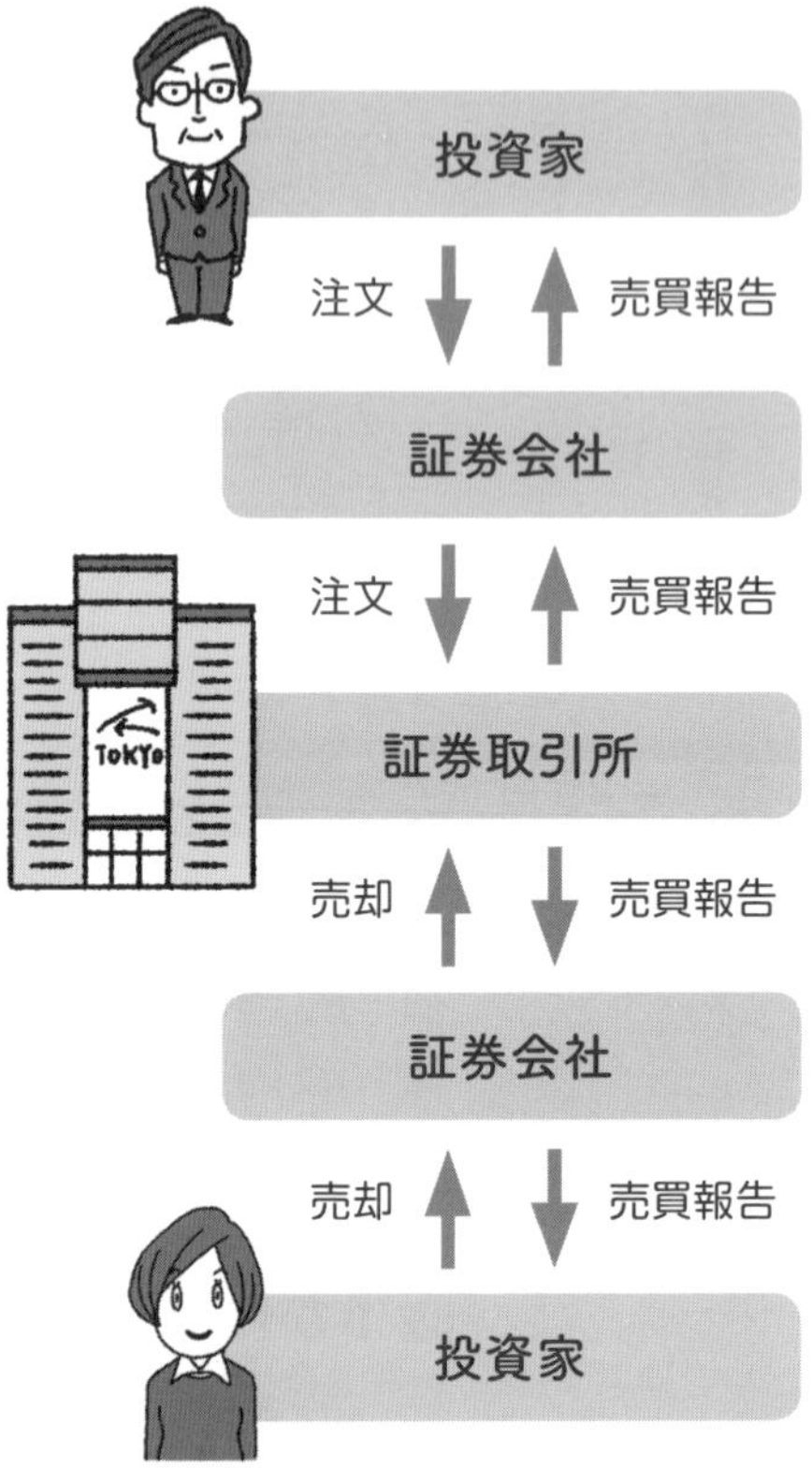

株式投資はどのようなしくみ？

株式に投資、つまり株式を購入する場合、株式会社から直接株式を買うわけではありません。証券会社に申し込んで買います。**証券会社に出された注文が証券取引所に取り次がれ、売買が行われるのです。**

株式を売ってくれるのは、株式会社や証券会社ではなく、株式を売りたいと考えているその会社の株主です。**ある会社の株式がほしいという投資家のニーズと、その会社の株式を売りたいと考えている株主のニーズを、証券会社や証券取引所が結びつけて**いるというしくみになっています。

株式の購入単位

株式の購入単位は、現在100株に統一されています。たとえば、株価が1,000円の会社の場合は、1,000円×100株＝10万円必要になります（このほかに手数料などがかかる）。

少額で株式投資ができる商品として、株式ミニ投資（通常の売買〔取引〕単位の10分の1で購入可能）と株式累積投資（「るいとう」。月々1万円から購入可能）があります

ネット証券ならインターネット上で

ネット証券なら口座開設の申し込みもインターネット上で行うことができます。口座開設申込フォームに、名前や住所などの必要事項を入力し送信するだけなので手間がかかりません。その後の株式の取引もすべてインターネット上で行います。

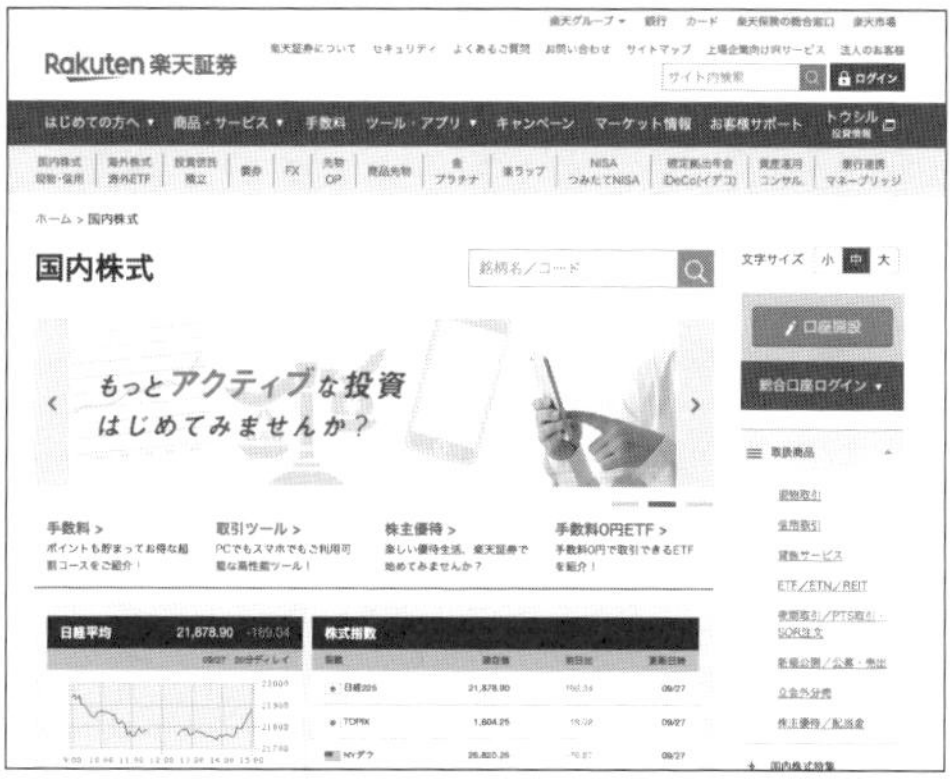

株式売買の流れを知る

実際の株式の売買は、通常、次のような流れで行います。

まずは売買注文を受ける窓口になってくれる証券会社に口座を開設し、必要な資金を当該口座に入金した後、注文を出します。注文は次のような内容を指示します。

- ●銘柄名　●株数
- ●値段（指値注文または成行注文）
- ●売り／買いの別　●注文の有効期限

指値《さしね》注文とは、売買の価格を指定する注文の方法です。成行《なりゆき》注文とは売買の価格を指定しない注文の方法です。

株式の売買が成立（約定という）すると、その日を含めて3営業日目（証券会社の休業日は除く）に精算（受渡し）が行われます。

はみ出しメモ 成行注文は、指値注文に優先して売買が成立する。取引が成立しやすい反面、相場が大きく変動したときには、予想以上に高く買ったり、安く売れたりしてしまうというデメリットがある。

05

投資家から集めたお金を専門家が投資・運用する

投資信託とはどのようなもの？

投資信託は初心者向け金融商品

投資の初心者に最適といわれるのが投資信託（投信・ファンド）。投資信託という名前を聞いたことはあるけれど、どのようなものかはわからない、という人もいるのではないでしょうか。NISA・つみたてNISAやiDeCoを利用する場合も、対象の金融商品として投資信託を選択するケースはたくさんあります。ここからは投資信託について見ていきましょう。

投資信託とは、ひと言でいえば、投資家から集めたお金を1つの大きな資金としてまとめ、運用の専門家が株式や債券などに投資・運用する商品で、その運用成果が投資家それぞれの投資額に応じて分配されるしくみの金融商品です。

投資信託のしくみ

投資信託のしくみをもう少しくわしく見ていきましょう。

投資信託は、投資信託運用会社（委託会社）でつくられ、主に証券会社や銀行などの販売会社を通じて販売されており、多くの投資家からお金を集めます。

投資家から集めたお金は1つにまとめられ、**資産管理を専門とする信託銀行（受託会社）に保管**してもらいます。信託銀行は、運用資金を別勘定で管理します。

運用会社は、世界の経済情勢・金融情勢などのデータを収集・分析し、**集めたお金をどこにどうやって投資するのか考え、その投資の実行を、お金を管理している信託銀行に指図**します。このことを**運用の指図**といい、運用会社がその権限を持っています。そして、**信託銀行は運用会社の指図を受けて、株式や債券の売買を行います。**

投資信託は、販売・運用・資産の保管などの業務を行う、専門の機関がそれぞれ役割を果たすことで成り立つ金融商品です。

投資信託のしくみ

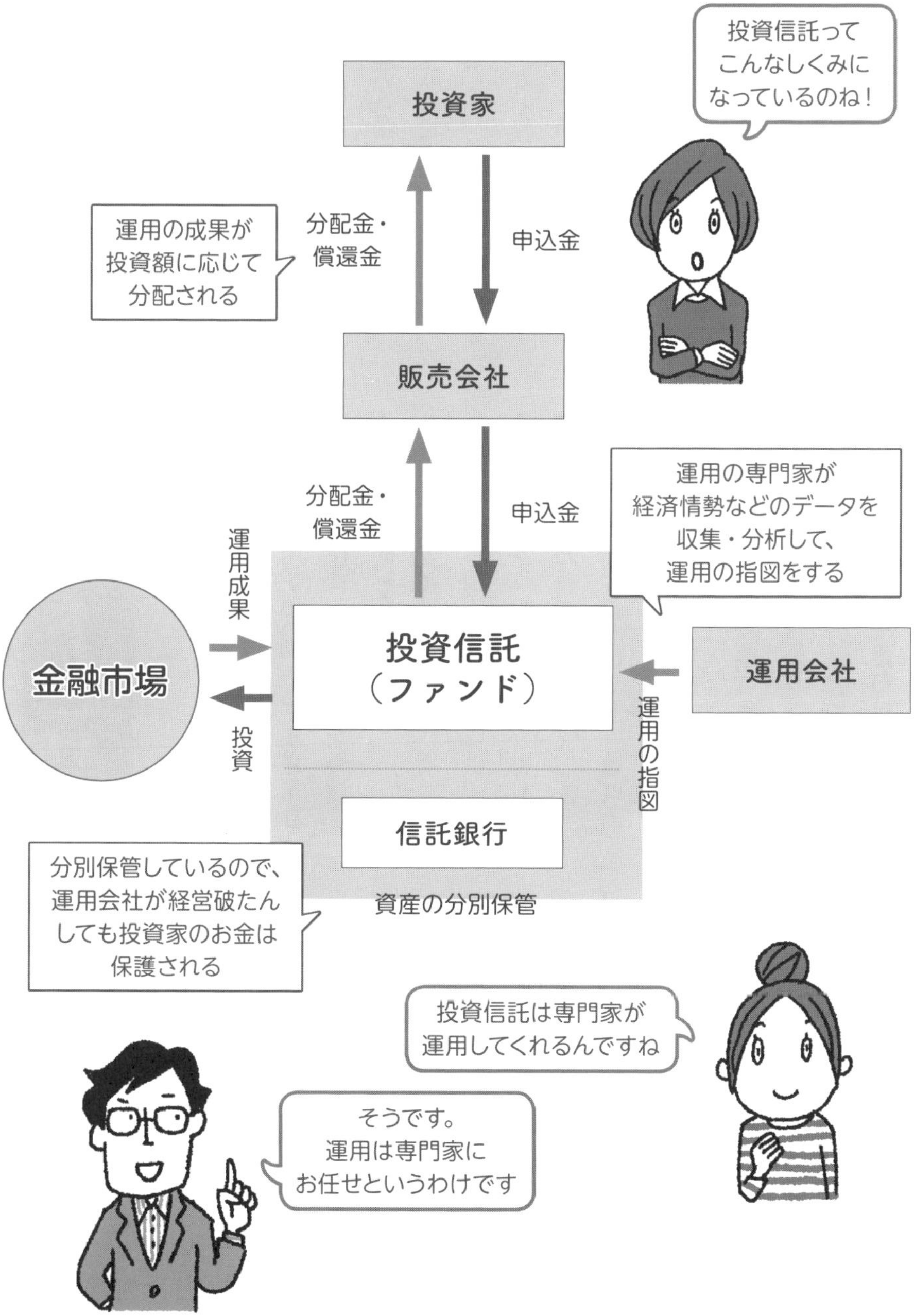
投資信託ってこんなしくみになっているのね！
投資家
分配金・償還金
申込金
運用の成果が投資額に応じて分配される
販売会社
分配金・償還金
申込金
運用の専門家が経済情勢などのデータを収集・分析して、運用の指図をする
運用成果
投資
金融市場
投資信託（ファンド）
運用会社
運用の指図
信託銀行
資産の分別保管
分別保管しているので、運用会社が経営破たんしても投資家のお金は保護される
投資信託は専門家が運用してくれるんですね
そうです。運用は専門家にお任せというわけです

はみ出しメモ 投資信託はファンドとも呼ばれる。ファンドとは、もともと「基金」や「資金」の意味。

06

少額で購入可能・分散投資が可能・専門家が運用

投資信託のメリットとリスクは？

複数のメリットがある

投資信託には、次のようなメリットがあります。

●少ない金額から購入できる

通常、株式に投資する場合には、ある程度まとまった資金が必要になります。しかし**投資信託であれば、1万円程度の少額から始めることができます。**

●分散投資できる

第1章で見たように投資の基本は、資産をいくつかの商品に分けてリスクを分散させる分散投資です。個人の投資家が、自分だけで分散投資しようとすると、多くの資金が必要となります。しかし、**投資信託は小口のお金を集めて1つの大きな資金として運用するので、さまざまな商品に分散投資し、リスクを軽減することが可能**になります。

●専門家による運用

株式などに投資する場合には、知識や手法を身につける必要がありますが、その知識や手法などを個人で身につけるのは難しいでしょう。そこで、**投資信託は、経済・金融などに関する知識を身につけた専門家が投資家に代わって運用**します。

さらに、**個人では買えない、または買いにくい海外の株式や債券、特殊な金融商品への投資も可能**です。

値下がりリスクがある

投資信託には、今見たようなメリットがある一方で、リスクもあります。

投資信託は値動きのある株式や債券などに投資するため、株式市場などの動向により価格は変動します。ですから**投資信託には元本保証がありません。**

投資信託の価格に影響を及ぼす主な変動要因には、**価格変動リスク、為替変動リスク、金利変動リスク、信用（デフォルト）リスク**などがあります（→次ページ参照）。

投資信託のメリット

少額で購入できる

1万円程度から始めることができる。

分散投資

さまざまな商品に分散投資して、リスクを軽減できる。

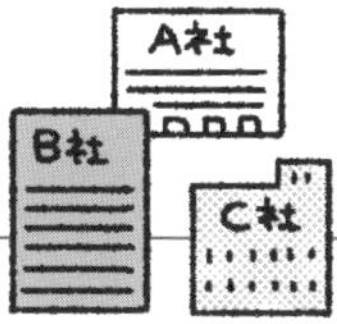
A社
B社
C社

専門家が運用

経済・金融などに関して高度な知識を身につけた専門家が投資家に代わって運用する。

主な変動要因

価格変動リスク	投資信託が組み入れている株式や債券の価格が変動する可能性のこと
為替変動リスク	為替レートが変動する可能性のこと
信用(デフォルト)リスク	債券等を発行する国や企業が、財政難・経営不振などの理由により、利息や償還金をあらかじめ定めた条件で支払うことができなくなる可能性のこと
金利変動リスク	金利が変動する可能性のこと

投資信託の値段

投資信託の値段のことを基準価額といいます。基準価額は、投資信託の1口（口とは取引の単位）あたりの値段のことで、投資家が投資信託を購入・換金する際は、基準価額で取引が行われます（1口1円で運用が開始された投資信託は、1万口あたりの基準価額が公表されている）。

メリットもデメリットもあるんだな

はみ出しメモ　投資信託の資産のうち、投資家に帰属する額を「純資産総額」という。この純資産総額を投資信託の総口数で割ると、1口あたりの価額、すなわち「基準価額」が算出される。

投資信託購入の流れやコストを知ろう

07

投資信託を購入するには？

投資信託を購入する手続きは？

次に、投資信託を購入する際の手続きについて見ていきましょう。

投資信託は、証券会社、銀行などの販売会社で購入できます。また、運用会社によっては自社が運用する投資信託を直接販売することもあります。販売会社によっては、電話やインターネットでも購入を受け付けています。

投資信託を購入するときには、**投資信託説明書（交付目論見書）をしっかり確認する**ようにします。**投資信託説明書とは、購入しようとしている投資信託について投資判断に必要な重要事項を説明した書類**のことで、投資信託を購入する前に投資家に渡されます。必ず目を通し、内容を確認しましょう。

初めて投資信託を購入する場合は、その**投資信託を販売している販売会社に口座を開設することが必要**です。購入の際は、購入の申し込みを行い、購入代金を支払います。そして投資信託の取引が成立した場合は、取引報告書などが送付されることになっています。

投資信託にかかるコスト

投資信託は、運用の専門家に任せて投資を行うわけですから、運用する人などに対して費用を払う必要があります。

投資信託の主なコストに、**購入時に販売会社に支払う購入時手数料（販売手数料）、運用管理費として差し引かれる運用管理費用（信託報酬）、解約、または購入時に信託財産に留保される信託財産留保額**があります。投資信託を購入する際には、これらのコストを確認しましょう。

投資信託説明書を
しっかりと
確認しましょう！

投資信託の購入の流れ

口座の開設 → 購入の申し込み → 購入代金の支払い → 「取引報告書」の受け取り

投資信託の主なコスト

購入時	購入時手数料（販売手数料）	購入時に販売会社に支払う費用。申込価額の数%をその費用として支払う。投資信託や販売会社によってはこの費用がない場合もある（ノーロードという）。
保有中	運用管理費用（信託報酬）	投資信託を保有している間、投資信託の保有額に応じて日々支払う、投資信託の運用にかかる費用。投資信託の信託財産から間接的に支払われる。
解約時	信託財産留保額	投資信託を解約（または購入）する際、手数料とは別に徴収される費用。販売会社が受け取るのではなく信託財産に留保される。投資信託によって差し引かれるものと差し引かれないものがある。

投資信託の換金

投資信託は、原則としていつでも換金の申し込みが可能です。ただし、日々決算型以外の投資信託の場合、換金の申し込みをしてから実際にお金が振り込まれるまでには数日かかるので、注意が必要です。また、投資信託によっては、一定期間解約ができないクローズド期間を設けているものもあるので、事前に確認しておく必要があります。

投資信託にはいろんなコストがかかるんですね

コストは投資信託選びのポイントとなります。購入の際には、どのような費用がどのくらいかかるのか、必ずチェックしましょう

はみ出しメモ　3つのコスト以外にも、それぞれの投資信託において発生する費用がある。くわしくは投資信託説明書などで確認する必要がある。

08

着実な運用か、それとも積極的な運用か？

投資信託の種類を知る①

どのように運用するかで分ける

投資信託には実にさまざまな種類がありますが、いくつかの方法でカテゴリー分けすることができます。ここからは投資信託の種類について見ていきましょう。

いくつかの分類方法のうち、私たちが投資信託を購入することによって託した資金を「どのように投資しているのか？」という側面から大きく分けると、**投資信託の運用方法には①インデックス型（もしくはパッシブ型）と②アクティブ型の2つがあります。**

①インデックス型は、「市場並み」の利益を出すことを目指すもので、日経平均株価など、**特定のインデックス（指数=市場の平均的な値動き）に運用成果が連動するように設計されている投資信託のこと**です。着実で平均的な値動きである反面、それを上回る成果は期待できません。

②アクティブ型は、「市場の平均を上回る」成績を目指すもので、一般的に、**目標に定めたインデックスを上回る運用成果を目指して積極的な運用を行う投資信託**です。判断が的確ならインデックス型よりも高いリターンを得られるものの、うまくいかないと、逆に下回るリターンとなる可能性もあります。

2つの運用方法の違いとは？

インデックス型とアクティブ型では**コストにも違い**があります。インデックス型は市場並みを目指し、機械的に銘柄を選ぶので運用コストが低く抑えられます。

一方、アクティブ型は専門家がデータの収集・分析を行って投資先を選ぶので、その分運用コストが高くなります。

また、インデックス型は指数に連動するだけなので、ファンド選びに手間がかかりませんが、アクティブ型の場合、有望なファンドを選ぶにはそれなりの手間がかかります。

2種類の運用方法

①インデックス型

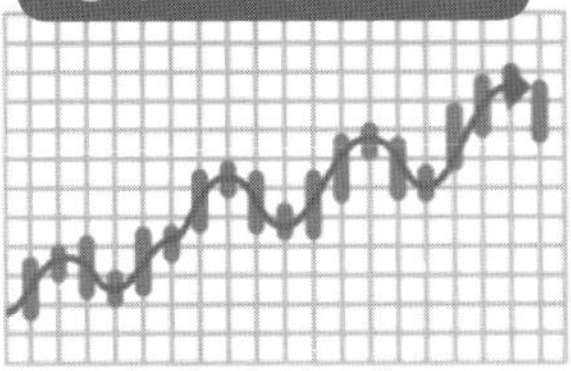

メリット

・アクティブ型に比べてコストが低め
・ファンド選びに手間がかからない

デメリット

・指数を上回る収益は期待できない

②アクティブ型

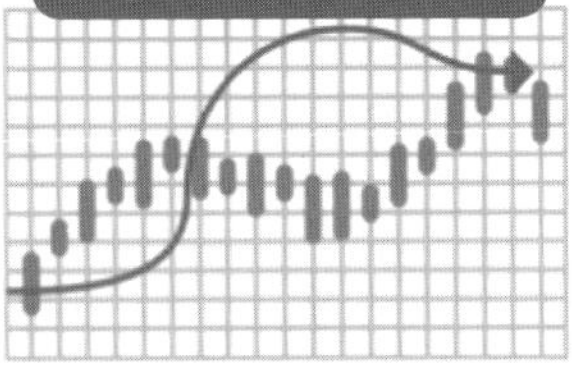

メリット

・運用がうまくいけばインデックス型よりも高い収益が得られる

デメリット

・インデックス型に比べてコストが高め
・ファンド選びに手間がかかる

投資信託には、ほかにもさまざまな分類方法があり、たとえば株式に投資できるかどうかによってなら、株式投資信託と公社債投資信託に分けられます。また、いつでも購入できるかどうかによって追加型と単位型に分けられます。

いつでも購入できるか？

- できる → **追加型**：原則として運用期間中いつでも購入できる
- できない → **単位型**：当初の募集期間にのみ購入できる

株式に投資できるか？

- できる → **株式投資信託**：投資対象に株式を組み入れることが可能
- できない → **公社債投資信託**：投資対象に株式を組み入れず公社債を中心に運用

はみ出しメモ　多数の投資家に取得させることを目的とした投資信託を公募投資信託という。これに対し、機関投資家やごく少数の投資家に取得させることを目的とした投資信託を私募投資信託という。

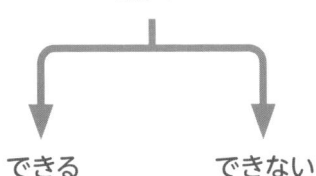

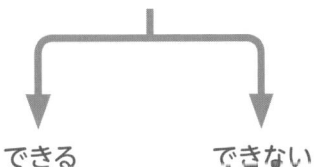

09 投資信託の種類を知る②

どの地域に投資してる？ 何に投資してる？

どの地域に投資しているかで分類

投資信託は、投資対象地域や投資対象資産によっても分類することができます。

まずは**運用資金を「どの地域に投資しているのか？」で分類する、投資対象地域による分類**では、大きく国内と海外に分けることができます。

・**国内**…運用資金を日本国内の株式や債券で運用している投資信託。身近な投資対象であるだけに、比較的値動きが把握しやすいことが特徴。

・**海外**…運用資金を海外の株式や債券で運用している投資信託。海外はさらに先進国と新興国に分けることができる。

・**先進国**…アメリカや欧州などの先進国で運用している投資信託。先進国経済は成熟していて高成長は見込めない反面、比較的安定している。

・**新興国**…新興国で運用している投資信託。目覚ましい発展を遂げて大幅な成長が期待できる反面、まだ経済が弱くて安定性に欠ける。

投資する地域が異なれば、期待できるリターンやリスクにも違いが出てきます。

何に投資しているかで分類

次は、**運用資金を「何に投資しているのか？」で分類する、投資対象資産による分類**です。株式や債券、不動産など投資対象となる資産はさまざまです。

株式で運用する投資信託は、債券よりも値動きが大きいため、比較的大きな値上がり益を狙えます。国や企業などが発行した債券で運用する投資信託は、市場での値動きが株式と比べて安定的です。

その他、不動産に投資するＲＥＩＴ（リート）や、金や原油、穀物などを投資対象とするコモディティ投資などがあります。

投資対象それぞれで特性が異なり、期待できるリターンやかかわってくるリスクにも違いがあります。

投資対象地域による分類

国内

日本国内の株式や債券で
運用している投資信託
比較的値動きが把握しやすい

海外

海外の株式や債券で
運用している投資信託

- **先進国**：比較的安定している
- **新興国**：成長が期待できるが安定していない

投資対象資産による分類

株式

株式で運用している投資信託
株式は債券に比べて
比較的値動きが大きい

債券

債券で運用している投資信託
債券は株式に比べて
比較的値動きが小さい

REIT（リート）

投資家から集めたお金をオフィスビルやマンションなどの不動産で運用し、そこから得られる賃料収入などを投資家に分配

コモディティ投資

コモディティとは、一般に、「商品」のことを指す言葉で、原油や金、穀物といったようなコモディティ（商品）を投資対象にしている

投資対象を絞らずに国内外の債券や株式などさまざまな資産に幅広く分けて投資していく「バランス型」というファンドもあります
投資信託にはいろんな種類があるんですね

はみ出しメモ 複数の投資信託を投資対象とする投資信託のことを「ファンドオブファンズ」という。投資信託を組み合わせることで、より分散を図った運用を目指すものである。

10 自分に最適な投資信託の選び方

目的を確認し、自分にあったタイプを選ぶ

まずは運用目的を確認しよう！

これまで見てきたように投資信託にはさまざまな種類があり、それぞれ特性を持っています。たくさんあるファンドの中から自分にあう投資信託をどのように選べばよいのでしょうか。ここでは投資信託を選ぶときの基本的なポイントについて考えていきます。

まず投資信託を選ぶ前に、あらかじめ、**運用の目的・目標を確認しておきましょう**。教育資金なのか老後の資金なのか、その目的によって必要とする金額は異なり、運用の安全性の程度も変わってきます。

たとえば、老後資金であれば、20～30年といった長期にわたる運用が可能なので、ある程度リスクを取った運用が考えられるでしょう。

このように運用目的を確認したうえで、自分にあった投資信託のタイプを検討していきます。

目的にあったタイプを選ぼう！

前項で見たように投資信託の運用対象はさまざまです。国内の株式や債券以外にも海外の株式や債券などで運用する投資信託があります。また、それらを組み合わせた運用も可能です。ですから、投資信託を通じてさまざまな運用目標に対応することができます。

中核となる投資信託として「国内株式型」「国内債券型」「海外株式型」「海外債券型」の4つがあり、基本的な投資先となります。

一般に、株式のほうが債券よりもハイリスク・ハイリターンとなります。また、海外の資産のほうが、為替リスクが発生するため、ハイリスク・ハイリターンとなります。商品内容やリスク・リターンをしっかり把握し、目的にあったタイプの投資信託を選ぶことが大切です。

続いて、具体的に投資信託を選んでいきます。次ページのポイントをチェックしましょう。

4タイプのリスクとリターンのイメージ

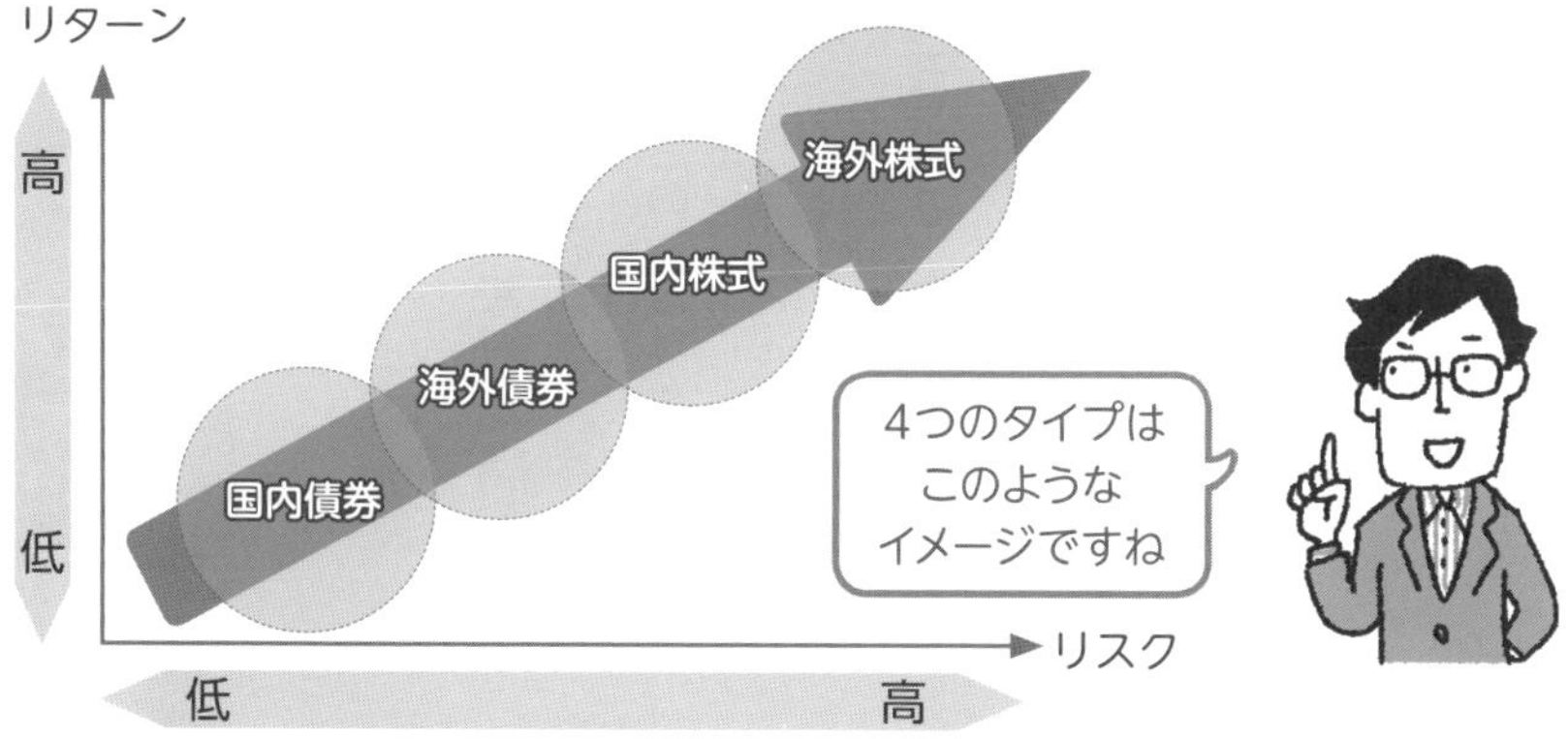

投資信託選びのポイント

ファンドの運用成績を調べたり、ベンチマークと比較したりする。また、投資信託の値動きをチェックする

運用成績などを比較する場合は、短期間では判断できません。最低でも3年、できれば5年以上の運用状況を確認するようにしましょう。

手数料等のコストを確認する

54ページで見たように投資信託は購入時、解約時、そして保有している間にも費用がかかります。どのタイミングで費用が高く設定されているかは投資信託ごとに異なるため、注意が必要です。購入前に、購入してから解約するまでにかかる費用を比較することが重要です。

純資産残高を比較する

純資産残高は投資信託の規模を示しています。投資信託を安定的に運用していくためには、ある程度以上の規模が必要です。規模が小さいと多くの銘柄に資金を振り分けることができず、分散効果が小さくなったり、資金の出入りの影響も大きく受けたりするため効率的な運用ができなくなることがあります。

残りの運用期間を確認する

投資信託を購入する際、運用が開始されてからの期間と残りの運用期間を確認しておきましょう。無期限もしくは残りの運用期間が長い投資信託が望ましいといえるでしょう。

はみ出しメモ 購入後の投資信託がどのように運用され、その結果どうなったかなどは、決算期ごとに作成・送付される「運用報告書」によって知ることができる。

11

債券や外貨預金などさまざまな金融商品がある

そのほかの金融商品の特徴は？

債券は借用証書のようなもの

ここでは株式や投資信託以外の金融商品について見ていきます。

代表的なものに債券があります。これまでにも債券という言葉が出てきましたが、**債券は、国や地方公共団体、会社等が、お金を借りるときに発行するもの**です。通常、お金の貸し借りをするときには、借用書や借用証書というものがやりとりされますが、債券は同じようなものといえるでしょう。

ちなみに、国がお金を借りるときに発行する債券を「国債」、株式会社がお金を借りるときに発行する債券を「社債」といいます。

債券は、あらかじめ何年後にお金を返すのかを決めて発行され、その期限のことを満期といいます。借りる期間が5年なら5年経つと満期になります。そして、満期になると借りたお金は全額返さなければなりません。また、お金を借りている間は、毎年そのお金の使用料として利息を支払う約束になっています。

債券はさまざまな種類のものが発行されていますが、価格変動リスクや信用（デフォルト）リスク（↓P52参照）など、債券によってリスクもさまざまです。ですから、一般の個人が気軽に購入できるものは、それほど多くはないといえるでしょう。一般の個人向けの商品としては、個人を対象として国が発行する個人向け国債（↓次ページ参照）があります。

その他の金融商品もいろいろ

その他の金融商品として、株式と同じように時価で売買できる投資信託であるETF（上場投資信託↓次ページ参照）や、米ドルやユーロなど外貨建てで行う預金の外貨預金（↓次ページ参照）、保険商品などさまざまなものがあります。

債券のしくみ

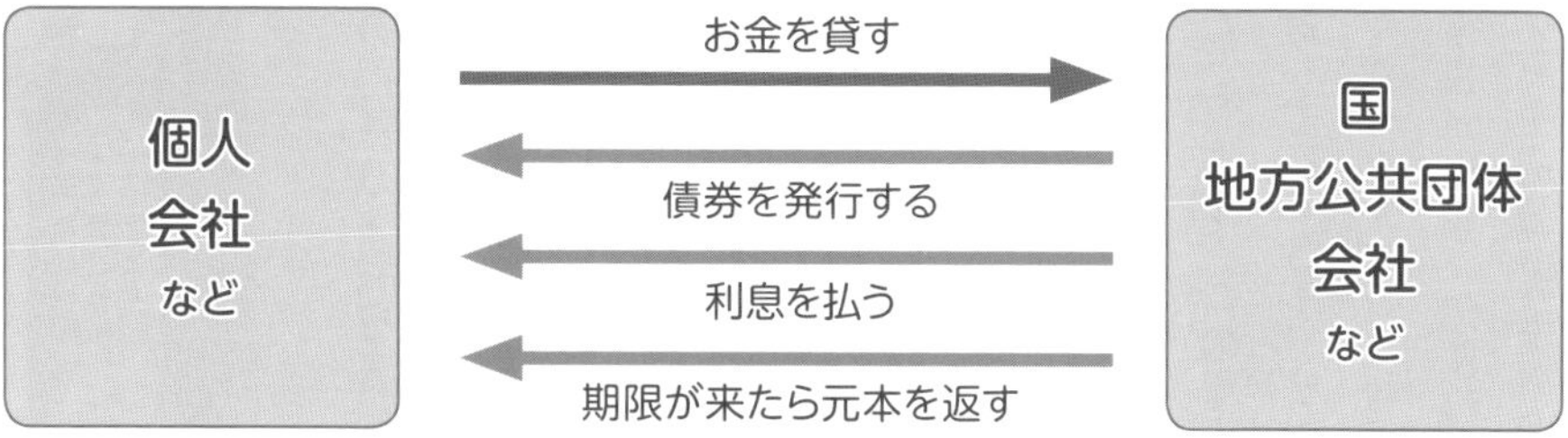
個人
会社
など
お金を貸す
債券を発行する
利息を払う
期限が来たら元本を返す
国
地方公共団体
会社
など

債券ってこんな
しくみになっているんだ！

個人向け国債

個人向け国債には、半年ごとに適用利率が変わる「変動10年」、発行時に設定された利率が満期まで変わらない「固定5年」「固定3年」の3タイプの商品があります。

購入先	証券会社・銀行など
購入単価	最低1万円から1万円単位

ETF（上場投資信託）

ETFは、日経平均株価や東証株価指数（TOPIX）といった株式指数などに値動きが連動するように運用される投資信託の一種です。証券取引所に上場されており、株式と同様に時価で売買することができます。

購入先	証券会社
購入単価	1万円程度から10万円程度など、銘柄によって異なる。
リスク	株式同様、値下がりリスクがある。

外貨預金

外貨預金は、米ドルやユーロなど外貨建てで行う預金です。普通預金・定期預金があり、日本円との金利差によっては、円建て預金よりも高い金利がつくこともあります。外貨ベースでは元本保証ですが、為替変動の影響を受けます。

購入先	銀行など
購入単価	1,000円相当額からなど金融機関によって異なる。
リスク	為替の動向によっては為替差損が生じることがある。

このようにさまざまな金融商品がありますが、
運用目的に合わせて選ぶようにしましょう

用語
日経平均株価 東京証券取引所に上場している225銘柄の株価の平均を算出した指標。
東証株価指数 東京証券取引所第一部に上場されている全銘柄の時価総額を指数化したもの。

12 金融商品の種類により課税方法が異なる
金融商品にも税金がかかる!?①

預貯金の利息の課税方法

これまでさまざまな金融商品について見てきましたが、**金融商品から得られる利息・収益には税金がかかります**。ここからは金融商品にかかる税金について見ていきましょう。

まずは、最も身近な**預貯金の利息**についてです。

たとえば、銀行に預金をしていて、その預金に1,000円の利息がついたとします。この場合、その利息に対して20・315％の税率で税金がかかります。この税率の内訳は、所得税が15％、住民税が5％、そしてすべての所得税額に対して2037年12月までは復興特別所得税（所得税額×2・1％）が上乗せされるので、それが0・315％となります。ですから合計で20・315％となります。1,000円の利息に対して約203円（1,000円×20・315％）の税金がかかるわけです。

ただし、この税金はみなさんが直接支払うわけではありません。預貯金の利息は、利子所得として課税され、**利息を受け取るときに、ほかの所得とは分けて、税金が源泉徴収されて（＝自動的に差し引かれて）納税が終了**します。この課税方法を**源泉分離課税**といいます。

金融商品の課税方法は大きく3つ

これに対して、**ほかの所得と合計して所得税の金額を計算する方法**があります。これを**総合課税**といいます。総合課税を選択した上場株式の配当金や総合課税を選択した株式投資信託の分配金などが該当します。

総合課税の場合は、1年間の所得を全部まとめ一定の税率（所得額によって異なる税率）で税額を計算し、確定申告によって税金を納めます。

さらに、**ほかの所得とは合計せず、分離して税額を計算して確定申告によって税金を納める方法**もあります。これを**申告分離課税**といいます。

す。上場株式の譲渡益や申告分離課税を選択した上場株式の配当金、申告分離課税を選択した株式投資信託の分配金、公社債の利子などが該当します。申告分離課税の場合は、源泉分離課税と同様に20・315%の税率で税額を計算します。

なお、総合課税や申告分離課税に該当するものでも、税金が源泉徴収されるため、確定申告が不要となる（確定申告不要制度を選択できる）ものもあります。

このように、**金融商品の課税方法は、大きく「総合課税」「源泉分離課税」「申告分離課税」の3つに区分**され、金融商品の種類により課税方法が異なります。

金融商品の課税方式

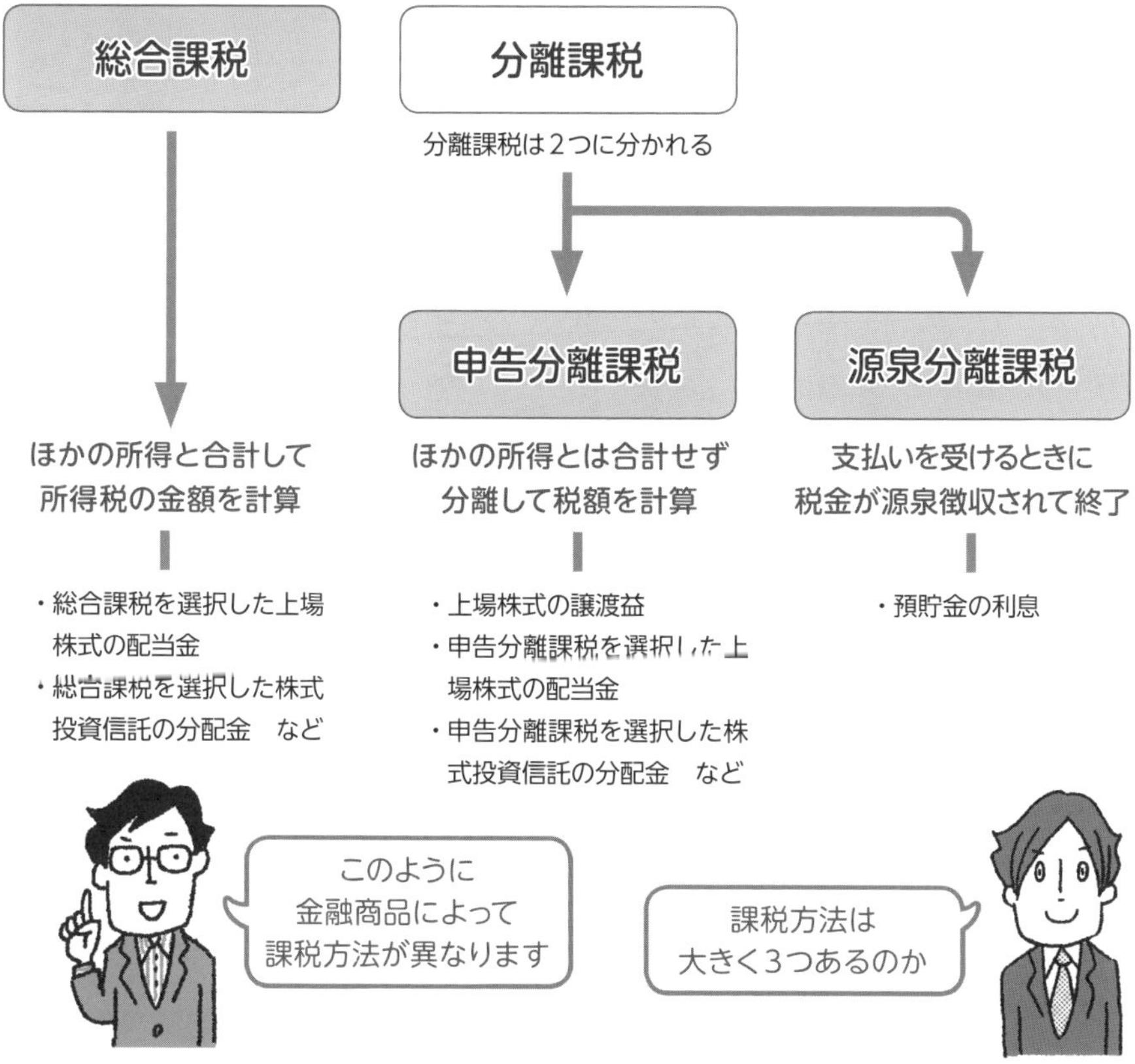
総合課税
分離課税
分離課税は2つに分かれる
申告分離課税
源泉分離課税
ほかの所得と合計して
所得税の金額を計算
ほかの所得とは合計せず
分離して税額を計算
支払いを受けるときに
税金が源泉徴収されて終了
・総合課税を選択した上場株式の配当金
・総合課税を選択した株式投資信託の分配金　など
・上場株式の譲渡益
・申告分離課税を選択した上場株式の配当金
・申告分離課税を選択した株式投資信託の分配金　など
・預貯金の利息
このように
金融商品によって
課税方法が異なります
課税方法は
大きく3つあるのか

用語　**確定申告**　前年1年間の所得税を計算し、翌年2月16日から3月15日（休日などの場合はその翌日）までの間に税務署に確定申告書を提出する、税金を納める手続きのこと。

13

損益通算や繰越控除というしくみを知ろう

金融商品にも税金がかかる!?②

特定口座は税金の手続きが不要

株式や投資信託で運用する場合、証券会社等に専用の口座を開く必要がありますが、その口座には特定口座と一般口座があります。

特定口座は証券会社等が税金の手続きを代行してくれるもので、特定口座を利用すると、証券会社等が作成した「特定口座年間取引報告書」をもとに、簡単に確定申告書類の作成ができます。さらに、「源泉徴収あり」を選択した場合は、証券会社等が投資家に代わって納税するため、確定申告が不要です（繰越控除等を行う場合には申告が必要）。

一般口座の場合は、投資家自らが譲渡損益を計算し、確定申告・納税手続きを行います。

利益と損失を相殺できるしくみ

複数の金融商品で運用している場合、利益や損失が出る場合があります。このようなとき、**利益と損失を相殺できる「損益通算」というしくみがあります。**たとえば、A上場株式を売却して1万円の譲渡損が出てしまい、一方でB上場株式からは2万円の配当金（申告分離課税）があったというようなケースです。

この場合は、配当金の2万円から譲渡損の1万円を引いた残りの1万円に対して課税されることになります。

上場株式等や特定公社債等の譲渡損失と上場株式等の配当金、株式投資信託の分配金、特定公社債等の利子などとの間でも損益通算が可能です。

損失を繰り越すこともできる

さらにその年で損失を通算しきれなかった場合には、**確定申告することで損失を翌年以降に繰り越せる「譲渡損失の繰越控除」を利用することもできます。**

譲渡損失の繰越控除は、その年に控除しきれなかった損失を翌年以降、最長3年間にわたって繰り越して利益と通算できる制度です。

損益通算

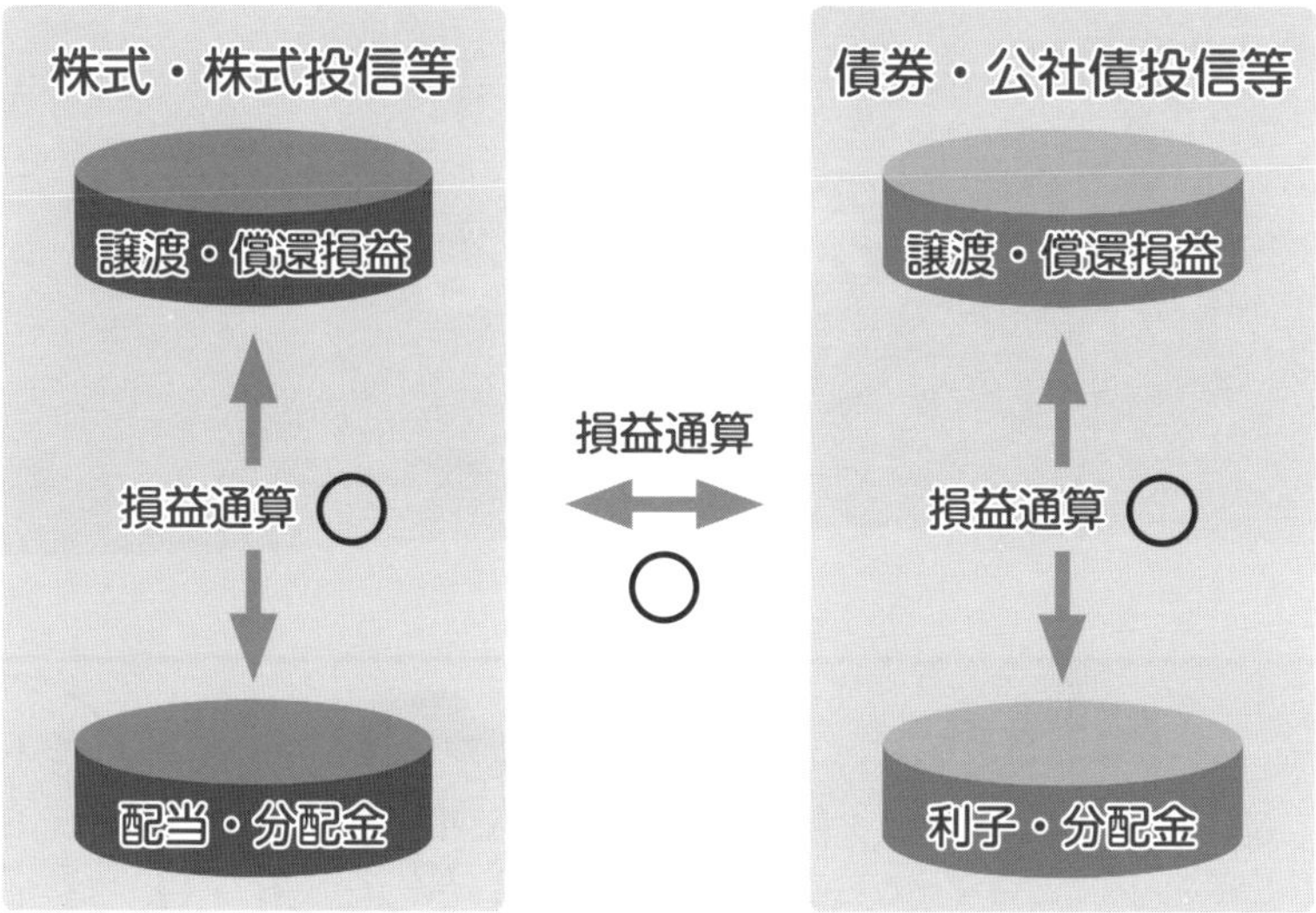

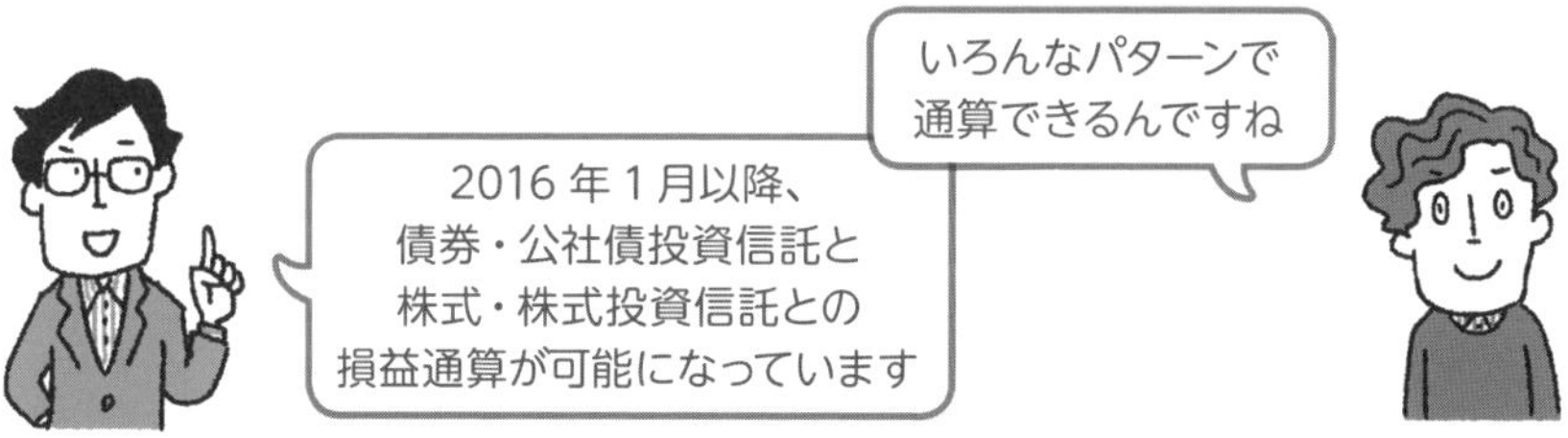

譲渡損失の繰越控除

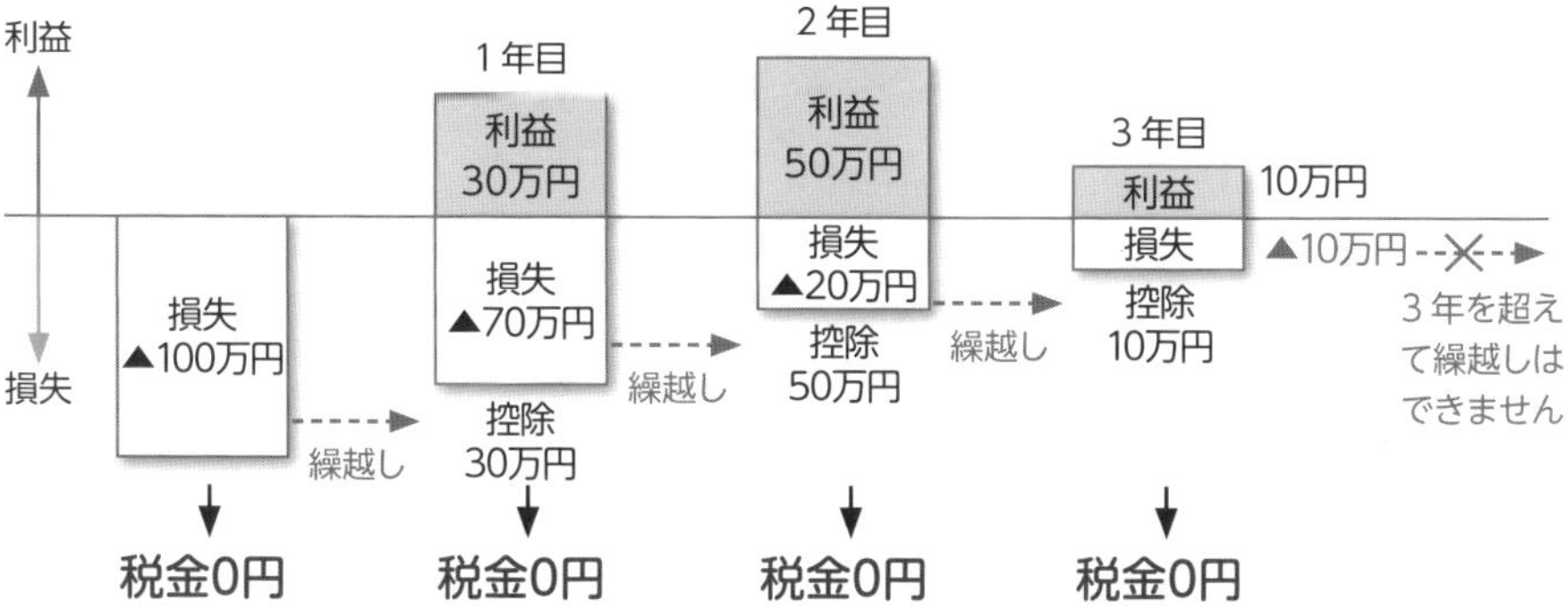

はみ出しメモ 配当金などの配当所得があるときには、一定の方法で計算した金額の税額控除を受けることができ、これを配当控除という。配当控除を受けるためには確定申告が必要。

第3章

NISAを始めよう！

NISA
NISAは「NISA口座（非課税口座）」内で、毎年一定金額の範囲内で購入した金融商品から得られる利益について税金がかからなくなる制度
では、ここからはNISAについて見ていきましょう
株式や投資信託で運用したとして1万円の収益が出たとします
10,000 収益
投資額
本来であればこの1万円に約20％の税率で課税されるので約2,000円が税金となります
20％ 課税
収益
投資額
税金
ですから手元に残るのは8,000円ほどになります
8,000 収益
投資額
ですがNISAを利用すれば税金がかからなくなります
…収益の1万円すべてが手元に残る？
10,000
投資額

NISAは「NISA口座（非課税口座）」内で、毎年一定金額の範囲内で購入した金融商品から得られる利益について税金がかからなくなる制度です。NISAには、一般NISA・つみたてNISA・ジュニアNISAの３種類の制度があります。つみたてNISAは、少額からの長期・積み立て・分散投資をするための制度で、コツコツと長期運用したい場合にオススメです。

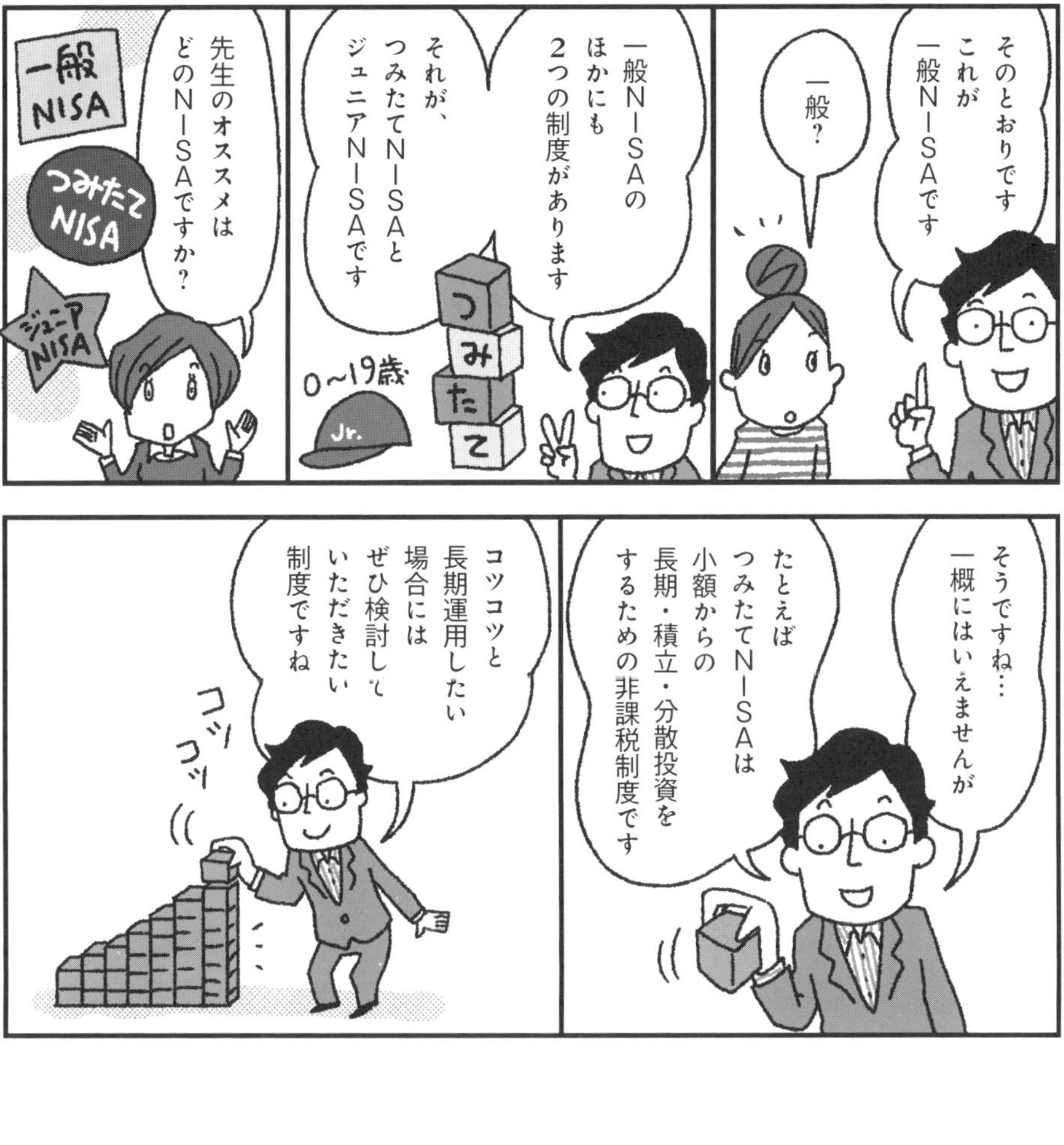

01

金融商品から得られる利益が非課税になる

NISAとはどのようなものなのか？

NISAは非課税の制度

第3章ではNISAについて見ていきます。そもそもNISAとはどのようなものなのでしょうか。

金融商品には税金がかかりますが（→P64参照）、**NISA（一般NISA）は「NISA口座（非課税口座）」内で、毎年一定金額の範囲内で購入した金融商品から得られる利益について税金がかからなくなる制度**です。正式には**「少額投資非課税制度」**といいます。

たとえば、株式や投資信託で運用をして10万円の収益が出たとします。本来であればこの10万円に約20%の税率で課税されるので、約2万円が税金となります。ですから、手元に残るのは8万円ほど。ですが、NISAを利用すれば税金がかからなくなるので、収益の10万円すべてが手元に残るわけです。

このようにNISAを利用することにより、2014年1月から2023年まで、**毎年120万円（2015年までは100万円）までの投資で得た収益が最長で5年間非課税**になります。

NISAには3種類の制度がある

今説明したのが、いわゆる「一般NISA」と呼ばれる制度ですが、このほかにもNISAには2つの制度があります。それが、**つみたてNISAとジュニアNISA**です。

つみたてNISA（非課税累積投資契約に係る少額投資非課税制度）は少額からの長期・積み立て・分散投資向けの非課税制度です（購入できる金額は年間40万円まで、非課税期間は20年間）。

ジュニアNISA（未成年者少額投資非課税制度）は未成年者（0～19歳）を対象とした少額投資非課税制度です（年間80万円分の非課税投資枠）。

この2つの制度については、76ページ以降でくわしく見ていきます。

NISAのしくみ

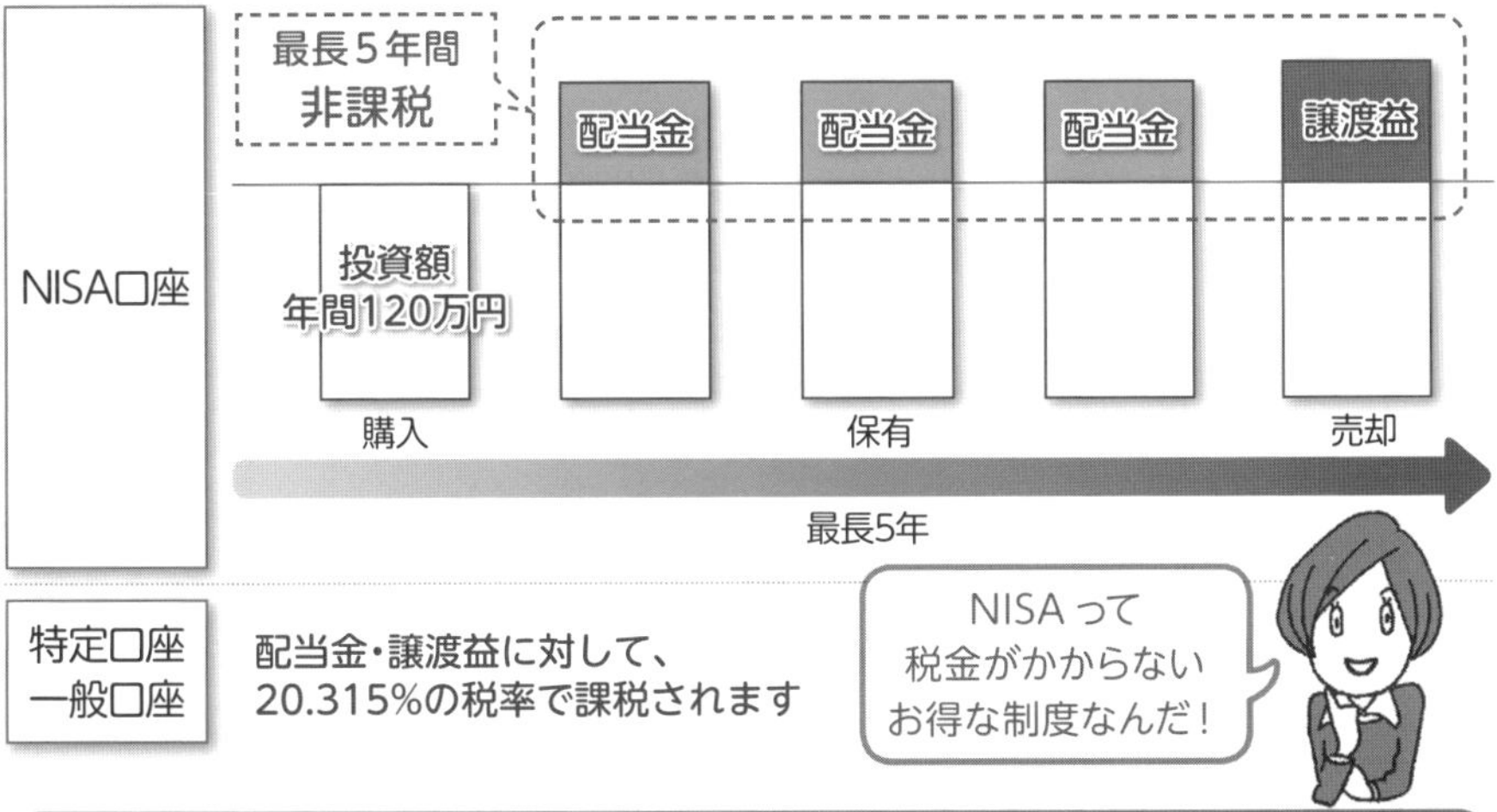

NISA（少額投資非課税制度）の概要

利用できる人	日本に住む20歳以上の人（口座を開設する年の1月1日現在）
非課税対象	株式や投資信託などへの投資から得られる配当金・分配金や譲渡益
口座開設可能数	1人1口座
非課税投資枠	新規投資額で毎年120万円が上限（非課税投資枠は最大600万円）
非課税期間	最長5年間
資産の引出し	いつでもＯＫ
投資可能期間	2014～2023年

NISAはビギナー向け投資

NISAの年間の非課税投資枠は120万円、つみたてNISAの年間の非課税投資枠は40万円です。ですから使える投資枠が決まっているので、大きな資金を投資に回すことはできません。自分の余裕資金に合った額から始められ、投資ビギナー向けの制度といえるでしょう。

用語 **NISA** Nippon Individual Savings Accountの頭文字を取って、NISAという愛称で呼ばれている。

02

年間の非課税投資枠は合計で120万円

NISAのメリットとは？

最大のメリットは非課税

前項でNISAの概要について見ましたが、非課税投資枠は毎年120万円で、非課税期間は最長で5年間です。この非課税投資枠によって、金融商品にかかる税金（配当金や譲渡益に対する税金）が非課税となる点がNISA最大のメリットです。

非課税投資枠は1年ごとに設定され、毎年120万円まで投資できます。1年の間であれば、1度に上限の120万円を投資することも、分割して投資することも可能です。たとえば、1月に30万円、5月に40万円、10月に50万円というように分割して投資して、非課税投資枠を使うことができます。

非課税で保有は最大600万円

毎年120万円ずつNISA口座で投資を続けていくと、5年目には合計で600万円（120万円×5年）の投資をしたことになります。つまり、**毎年投資した分の非課税期間はそれぞれ5年経つと順に終了していく**ことから、**NISAを利用して非課税で同時に保有できる金融商品は、最大で600万円まで**なのです。

現在、**NISAは2023年までの制度とされています**ので、金融商品の購入を行うことができるのは2023年まで。**2023年中に購入した金融商品も5年間（2027年まで）非課税で保有できます。**

NISAで取引できる金融商品

NISAで取引できる金融商品は、国内・海外の上場株式、株式投資信託、国内・海外のETF、国内・海外のREITなどさまざまあります。**これらの商品をNISA口座で保有すれば、5年間は売却益、配当、分配金等にかかる税金が非課税となります。**

なお、実際に購入できる金融商品は金融機関によって異なるので、各金融機関で確認しましょう。

分割して使える非課税投資枠

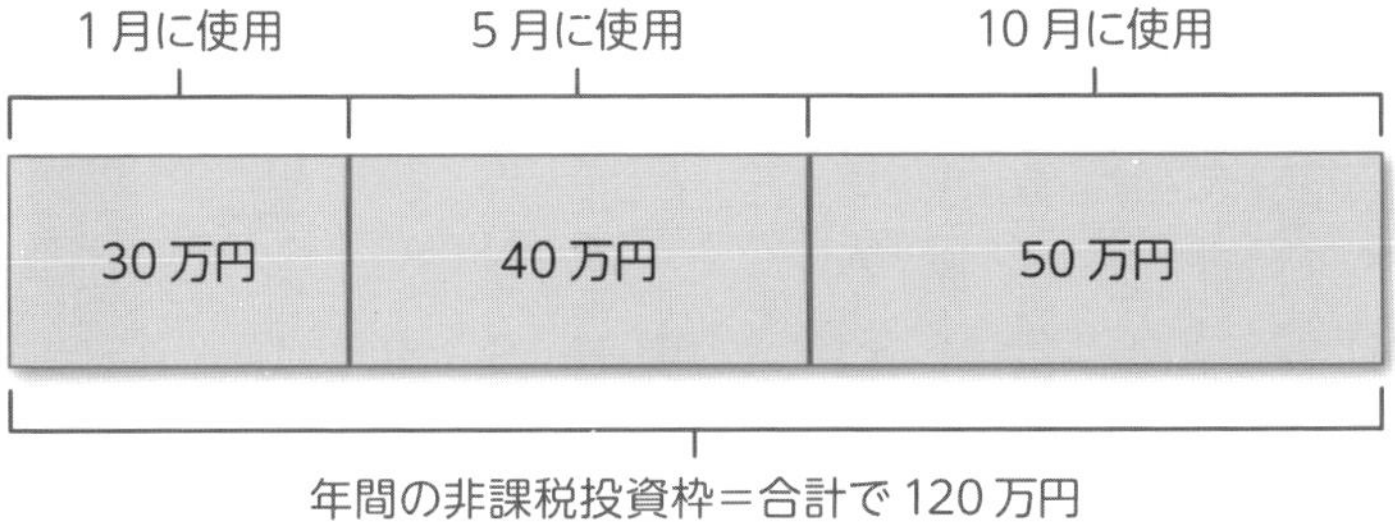
1月に使用
5月に使用
10月に使用
30万円
40万円
50万円
年間の非課税投資枠＝合計で120万円

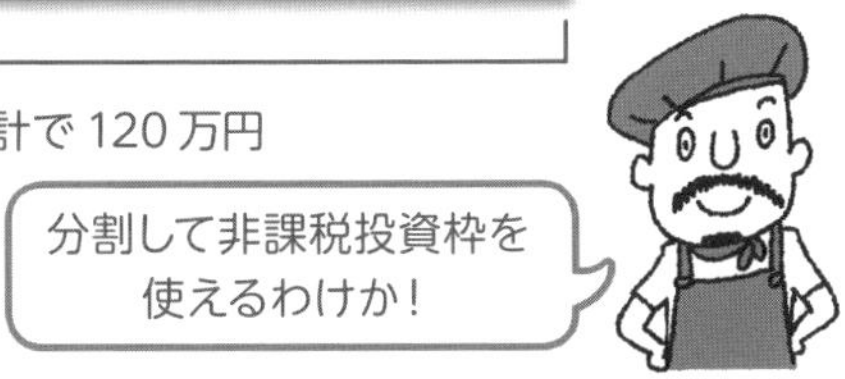
分割して非課税投資枠を
使えるわけか!

非課税は5年間

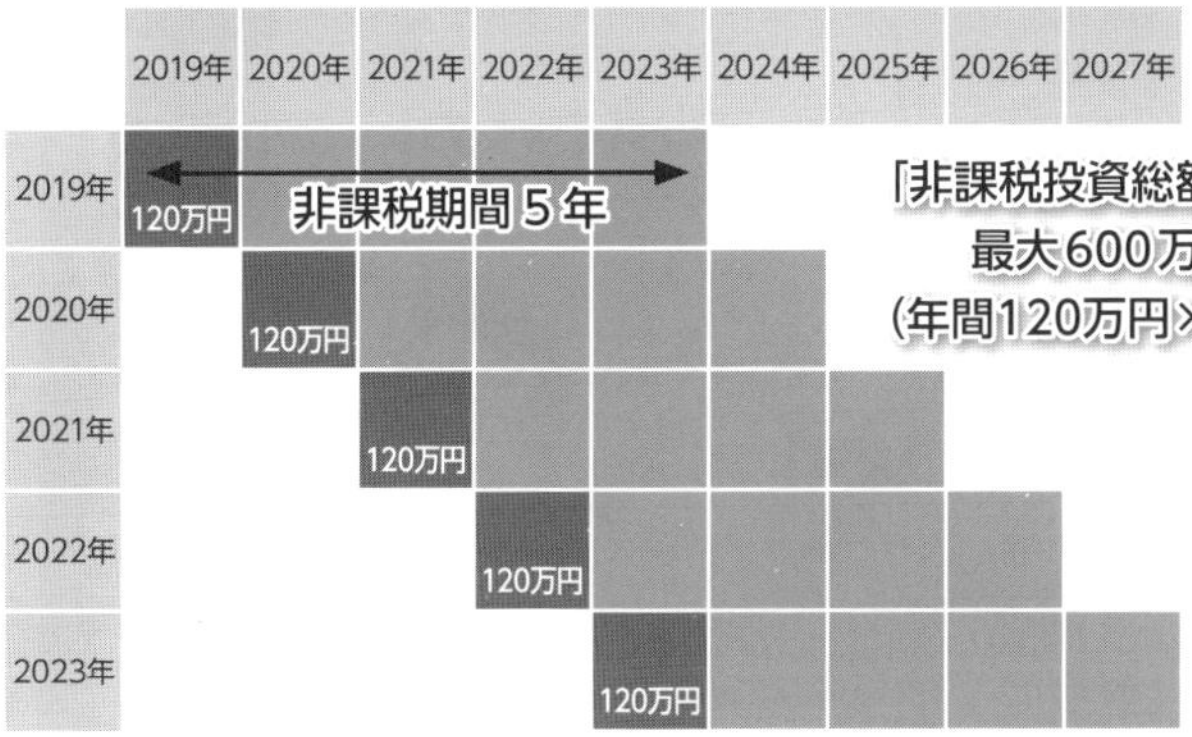
2019年 2020年 2021年 2022年 2023年 2024年 2025年 2026年 2027年
2019年
2020年
2021年
2022年
2023年
120万円
非課税期間5年
「非課税投資総額」は、
最大600万円
(年間120万円×5年))

いつでも払出し・
売却が可能です。
ただし、
払出し・売却した分を
再利用することは
できません

運用できる商品の
選択肢が多いというのも
NISAのメリットと
いえますね

対象とならない金融商品

非上場株式
預貯金
債券
公社債投資信託
など

対象となる金融商品

国内・海外の上場株式
株式投資信託
国内・海外のETF
国内・海外のREIT
など

※非課税期間の5年間が終了したときには、NISA口座以外の課税口座（一般口座や特定口座）に移すことができる。2018年までの投資分については、保有している金融商品を翌年の非課税投資枠に移す（ロールオーバーという）ことができる（→P83参照）。

はみ出しメモ NISAは2014年1月にスタートし、現在は2023年までの制度とされている。

03 NISAのデメリットとは？

未使用分は繰り越せない、損益通算できない点に注意

NISAにはデメリットもある

前項でNISAのメリットについて見ましたが、NISAにもいくつかのデメリットがあります。NISAのデメリット、利用する際の注意点は次のとおりです。

●NISAは1人1口座…NISA口座は1人1口座（1人1金融機関）となり、複数の金融機関にNISA口座を開設することは認められていません。ただし開設する金融機関は1年単位で変更可能です。

●新規投資が対象…NISAは新規での投資が対象で、現在保有している株式や投資信託をNISA

翌年に繰り越せない

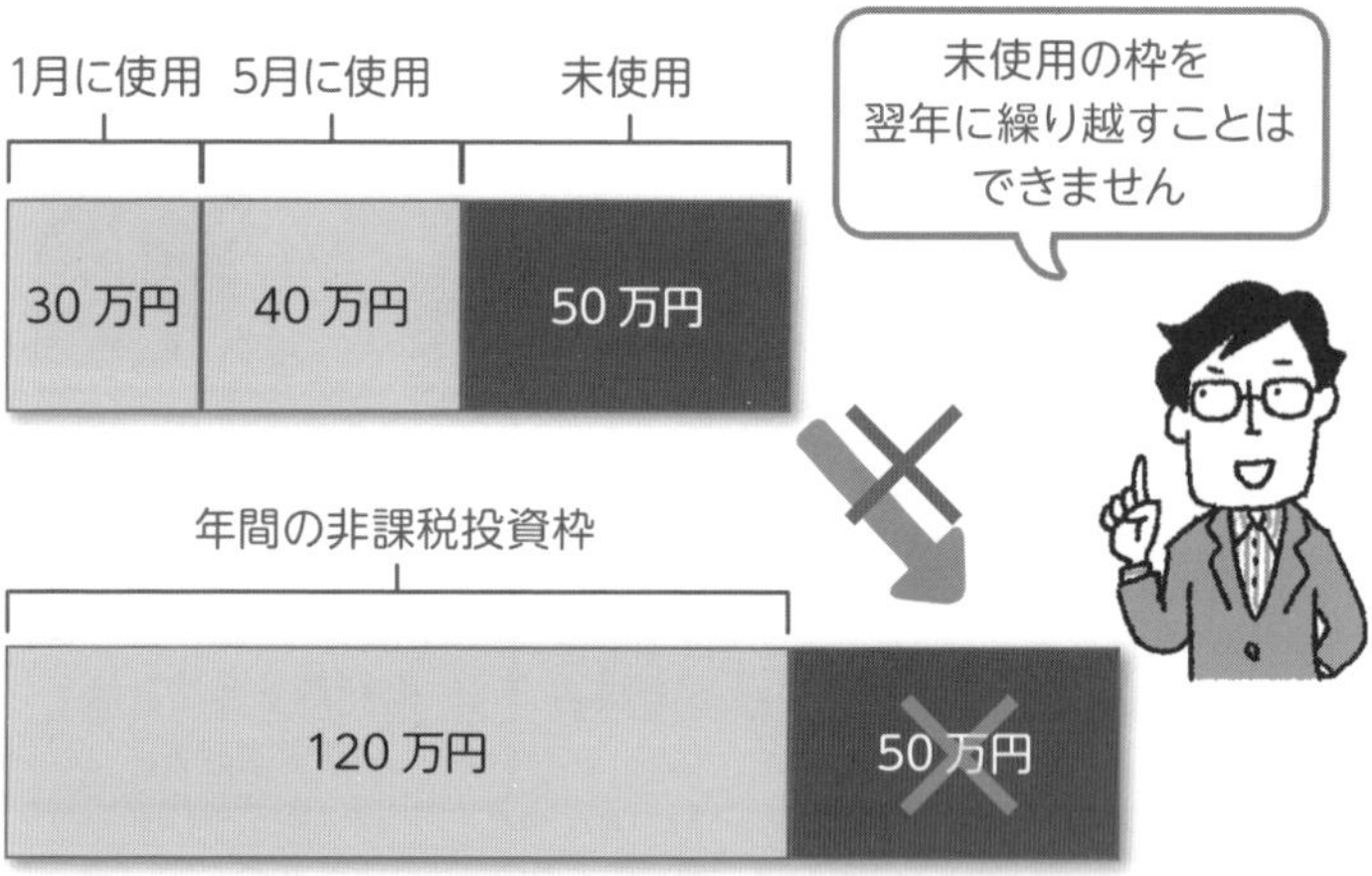

新規投資が対象

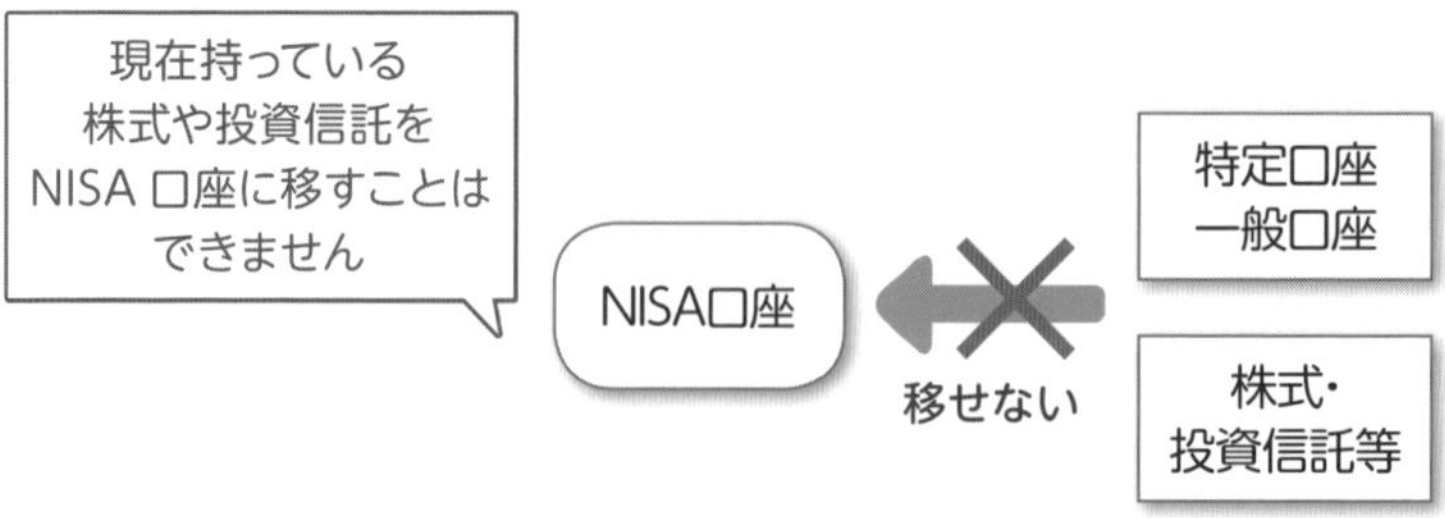

口座に移すことはできません。

●**未使用分を繰り越せない**…年間の非課税投資枠の未使用分は、翌年以降に繰り越せません。

●**損益通算できない**…NISAで取引した損益は、ほかの口座（一般口座や特定口座）と損益通算（→P66参照）ができません。また、損失を翌年以降に繰り越すこともできません。

●**損失が出ていても課税対象となる場合がある**…NISAの非課税期間内に保有資産が値下がりし、その後、ほかの口座（一般口座や特定口座）に移して値上がりした場合、当初の購入価格と売却価格から見ると、損失が出ている状況であっても、課税対象となります。

このようなNISAのデメリットや注意点をしっかり理解することが大切です。

損益通算できない

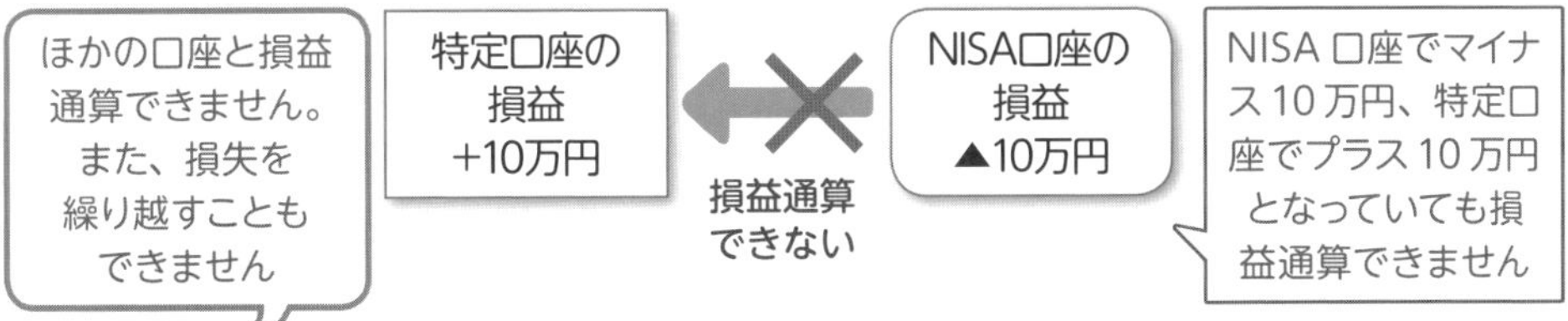

損失が出ても課税対象となることも

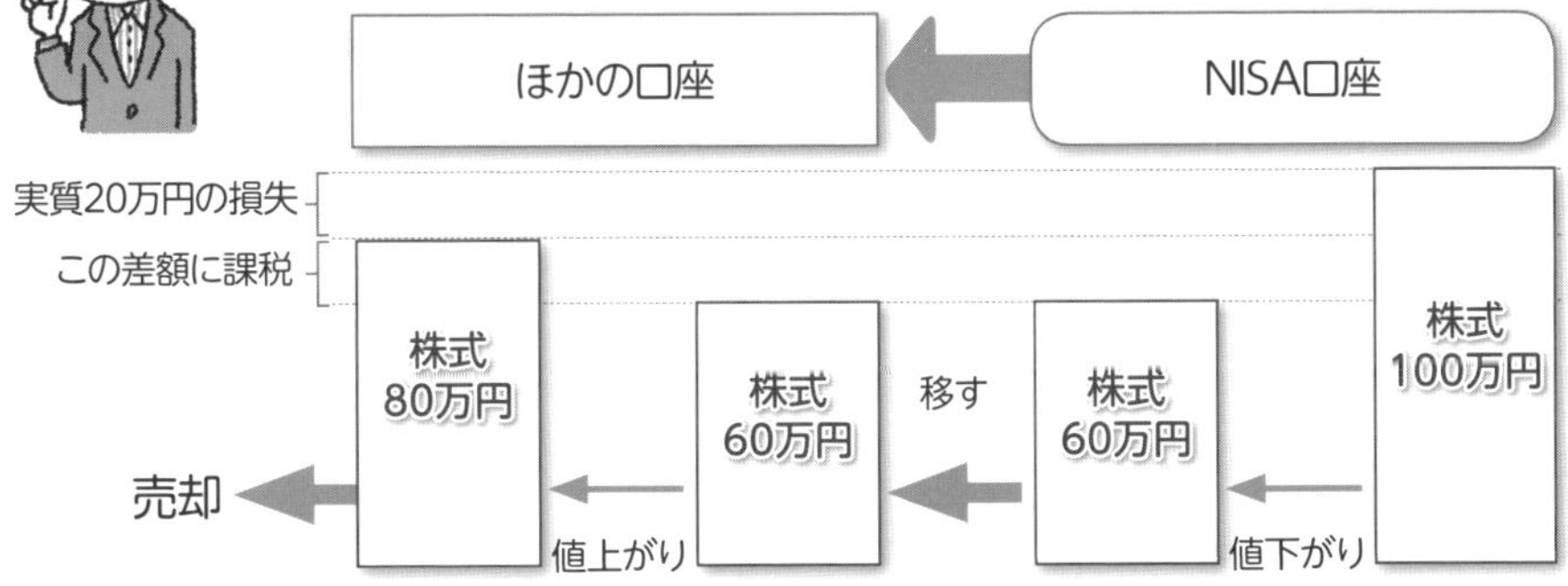

NISA口座からほかに移すとき、100万円で購入した株式等が60万円まで値下がりしていたとします。この場合、60万円で購入した場合と同様に扱われます。移した後、80万円で売却した場合、60万円との差額の20万円に対して課税されます。しかし、当初100万円で購入したため、実際のところは20万円の損失を被っています。つまり、実質20万円の損失が発生したにもかかわらず、税金を支払うことになるわけです。

はみ出しメモ NISAの金融機関の変更は可能であるが、変更をしようとする年の9月末までに、金融機関で変更の手続きを完了する必要がある。

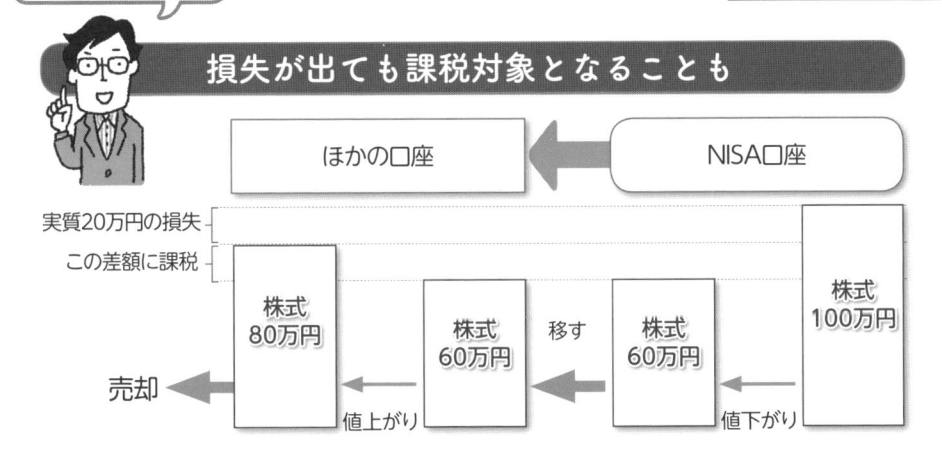

04

コツコツと長期運用したい人にオススメ

つみたてNISAとはどんなしくみ？

つみたてNISAは少額から

つみたてNISAは、少額からの長期・積み立て・分散投資をするための非課税制度です。年間の非課税投資枠は40万円が上限となっていて、NISA（一般NISA）と比べると低めですが、非課税期間は20年間と長めになっています。

つみたてNISAの対象商品は、**手数料が低水準、頻繁に分配金が支払われないなど金融庁の条件をクリアした、長期・積み立て・分散投資に適した株式投資信託と上場投資信託（ETF）に限定**（→P78参照）されています。そのため、投資初心者をはじめ幅広い人たちが利用しやすいしくみとなっています。

なお、**NISA（一般NISA）とつみたてNISAは、同じ年の併用はできません。**ただし、金融機関に届け出れば、毎年どちらかに変更することはできます。

つみたてNISAで資産形成

つみたてNISAの投資方法は積み立てのみで、**一括しての投資はできません。**「つみたて」とついているように、**あくまで長期にわたる積み立てが前提**になっています。

投資の際は、1カ月に1回など決まったタイミングで定額を買い付けていくので、価格が低いときには多く、価格が高いときには少なく（時間の分散→P34参照）の効果が期待できます。また、長期運用することによって、運用によって得られた利益がさらに運用され、利益が増幅していく複利の効果（→P25参照）も期待できます。複利効果は投資期間が長ければ長いほど、その効果も大きくなります。

少額から始められ、リスクを抑えながらコツコツと長期的な資産運用をしたいという人には、このつみたてNISAがオススメです。

つみたてNISA（非課税累積投資契約に係る少額投資非課税制度）の概要

利用できる人	日本に住む20歳以上の人（口座を開設する年の1月1日現在）
非課税対象	一定の投資信託への投資から得られる分配金や譲渡益
口座開設可能数	1人1口座
非課税投資枠	新規投資額で毎年40万円が上限
非課税期間	最長20年間
資産の引出し	いつでもOK
投資可能期間	2018～2037年
投資対象商品	長期・積み立て・分散投資に適した一定の投資信託（→P78参照）

つみたてNISA

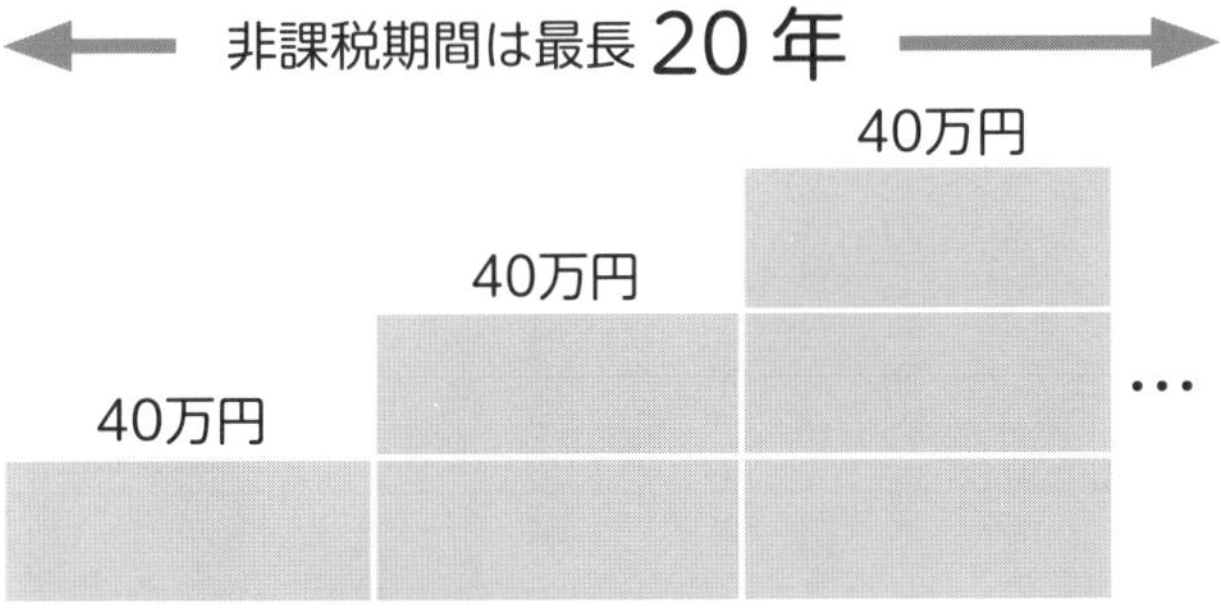
非課税期間は最長20年
40万円
40万円
40万円
…

少額からコツコツと積み立てていく

少額からできるなら私向きかも！

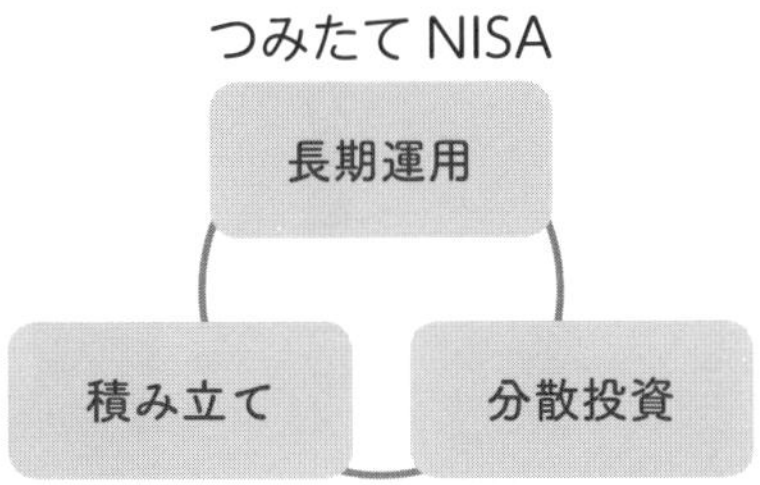
つみたてNISA
長期運用
積み立て
分散投資

つみたてNISAは少しずつ資産形成をしていきたいという人向けです

投資信託の収益分配金

収益分配金には課税扱いとなる「普通分配金」と、非課税扱いとなる「元本払戻金（特別分配金）」の区分があります。元本払戻金（特別分配金）は元本の払戻しに相当し、利益として受け取るものではないことから、課税口座（特定口座や一般口座）においても、そもそも非課税であり、NISAの非課税のメリットを享受できません。

はみ出しメモ　つみたてNISAで非課税で保有できる投資総額は最大800万円となる（40万円×20年間）。

05

投資対象が絞られているので初心者も安心
つみたてNISAの対象商品は？

厳選された投資信託の商品

前項で触れましたが、つみたてNISAの対象商品は金融庁の条件をクリアした一定の投資信託です。この**投資対象が絞られている**というところが、つみたてNISAの特徴の1つといえるでしょう。

厳選された商品のみが対象なので、投資初心者も安心して始めることができます。現在（2019年10月1日）の対象商品は173本で、内訳は投資信託が166本（インデックス型：148本、アクティブ型：18本）、ETF（上場投資信託）が7本です。

インデックス型とアクティブ型については、56ページで見ましたが、インデックス型は**運用管理費用**（→P54参照）が低く、かつ安定しているという特徴があります。大きなリターンは期待できませんが、損をすることも少ないので、初心者や安定を望む人向けといえるでしょう。

アクティブ型は、インデックス型に比べてリスクは高めですが、平均以上のリターンが期待できます。投資信託に慣れていて、積極的に運用したい人向けです。ただし、アクティブ型は**運用管理費用が高めなので、コストに見合う実績があるかどうかに注意**して商品選びをすることが大切です。

対象商品にはメリットがある

つみたてNISAの対象商品にはいくつかのメリットがあります。その1つが購入する際にかかる購入時手数料（販売手数料→P54参照）が無料である点（ETFは1・25％以下）。また、口座管理料はどの金融機関でも無料です。

運用管理費用が安いという点も大きなメリット。つみたてNISAの対象商品は、金融庁によって運用管理費用を一定の水準以下にするよう定められています。そのため長期間運用をしても影響が少なく、安定した投資を行うことができるようになっています。

つみたてNISAの対象商品

つみたてNISA対象商品

メリット
- 購入時手数料が無料※
- 口座管理料が無料
- 運用管理費用が安い

- ETF（上場投資信託）7本
- 株式投資信託
  - アクティブ型 18本
  - インデックス型 148本

つみたてNISAの
対象商品は
厳選されたものに
限られています

※ETFは1.25%以下

対象投資信託の信託報酬率の上限

インデックス型	
国内株式型	0.5%
海外株式型	0.75%
内外資産複合型	0.75%

アクティブ型	
国内株式型	1.0%
海外株式型	1.5%
内外資産複合型	1.5%

※金融庁「つみたてNISA対象商品の概要について（2019年10月1日時点）」より抜粋
※告示で定める信託報酬率の上限（税抜）

つみたてNISAの専用商品

つみたてNISAの対象商品には、つみたてNISAでしか買えない専用商品があります。この専用商品は、つみたてNISAのために金融庁が定めた条件に沿って、従来の商品を変更したものです。ですから従来の商品よりも割安に運用することができます。

はみ出しメモ つみたてNISAの対象商品は、公募株式投資信託の場合、信託契約期間が無期限または20年以上であることなどの要件もある。

06

ハードルが低くなっている一方注意点もある

つみたてNISAのメリットと注意点

長期にわたり課税されない

これまで見てきたように、**つみたてNISAは各年に購入した投資信託を保有している間に得た分配金と、値上がりした後に売却して得た利益（譲渡益）に対して税金がかかりません。**非課税枠は40万円が上限なので大きくありませんが、**非課税期間が投資信託を購入した年から20年間**となっており、**長期にわたって課税されません。**この点がつみたてNISAの大きなメリットです。

また、対象商品は厳選された投資信託等に絞られているため、商品が選びやすく、投資を始める際のハードルが低くなっています。

つみたてNISAの注意点

一方で、つみたてNISAにも、NISA（一般NISA）と同様に、デメリットや注意点があります。

●**NISAは1人1口座**…NISA口座は1人1口座（1人1金融機関）に限り開設することができます。つみたてNISAまたはNISA（一般NISA）のどちらか1つを選択する必要があります。

●**未使用分を繰り越せない**…年間の非課税投資枠の未使用分は、翌年以降に繰り越せません。

●**損益通算できない**…NISA口座で保有している投資信託が値下がりした後に売却するなどして損失が出た場合でも、ほかの口座（一般口座や特定口座）で保有している金融商品の配当金や売却によって得た利益との損益通算はできません。また、損失を翌年以降に繰り越すこともできません。

●**収益分配金の再投資は非課税投資枠を使用**…NISA口座で保有する投資信託の分配金は非課税ですが、その分配金を使って、同じ投資信託商品を買い付ける再投資の場合でも、非課税投資枠を利用することになるので注意が必要です（→次ページ参照）。

つみたてNISAの投資可能期間

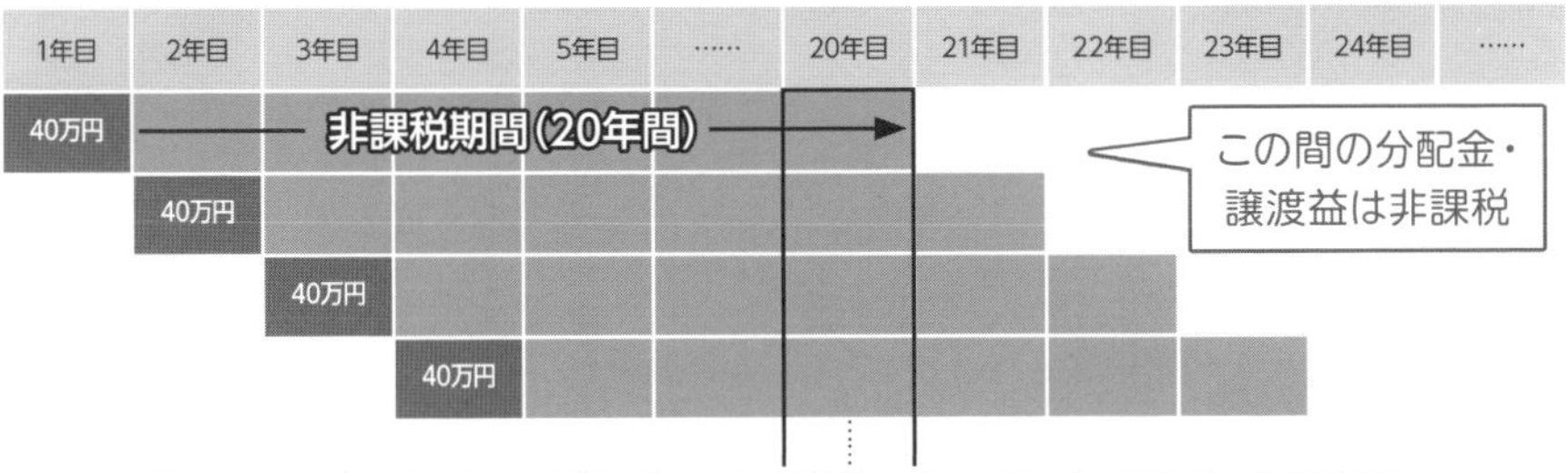

現在、つみたてNISAは2037年までの制度とされていますので、投資信託の購入を行うことができるのは2037年までです。2037年中に購入した投資信託についても20年間(2056年まで)非課税で保有することができます。

収益分配金の再投資

仮に毎月33,333円を積み立てている場合

33,333円 × 12カ月 = 399,996円(非課税投資枠内)

分配金300円を再投資すると

分配金再投資

年の途中で分配金を再投資すると非課税投資枠を超え、12月分が買い付けられないこともある

33,333円 × 12カ月 + 300円 = 400,296円(非課税投資枠超)

分配金再投資とスイッチング

収益分配金の再投資やスイッチングは、新規購入の場合と同様に非課税投資枠を利用します。スイッチングとは、保有している金融商品を売却し、別の金融商品を購入することで入れ替えることです。

再投資やスイッチングは非課税枠を利用するため、その年の非課税投資枠(つみたてNISAの場合は40万円)を使い切っている場合、NISA口座内での収益分配金の再投資やスイッチングはできなくなります。

はみ出しメモ　ETFの分配金は、証券会社を通じて受け取る場合(株式数比例配分方式を選択している場合)のみ非課税となる。

07

コツコツ積み立て？　裁量で売買？

一般とつみたて、どちらを選ぶ？

コツコツ積み立てるなら

　NISAとつみたてNISAは、**同じ年の併用はできません**から、どちらか一方を選ばなければなりません。ここでは、NISAとつみたてNISAのどちらを選んだらよいかについて考えていきましょう。

　繰り返しになりますが、つみたてNISAの非課税投資枠は年間40万円までで、投資方法は積み立てに限られています。月額に換算すると33,333円までしか投資できないのです。ですから、運用するためのまとまったお金がない人にも向いているでしょう。さらに「毎月3万円の積み立ても無理」という人でも大丈夫です。**ネット証券会社では、毎日最低100円からつみたてNISAを利用することができます。**

　また、非課税の運用期間が20年間と長期間の積み立てになるので、これから資産運用を始める人、長い時間をかけてコツコツ積み立てていきたい人向けです。将来の教育資金づくりや老後資金づくりなどを目的につみたてNISAを活用していくとよいでしょう。

自分の裁量で売買したいなら

　一方で、NISA（一般NISA）の最大の魅力は、年間120万円の非課税枠です。

　また、つみたてNISAの場合、投資対象が条件に適合した投資信託やETFに限られます。これに対し、NISAでは個別株式やETF、REIT（リート→P58参照）などさまざまな金融商品に投資することができます。そして、積み立てだけではなく、好きなタイミングに一括して購入することも可能です。ですから、自分の裁量で売買したい人向きといえるでしょう。

　このような点から自分にはどちらが向いているのかを考え、選択するとよいでしょう。

NISAとつみたてNISAの比較

NISA	つみたてNISA
メリット ●株式などにも投資できる ●年間の非課税投資枠が大きい ●好きなタイミングで購入できる	**メリット** ●少額から投資できる ●非課税の運用期間が長い ●商品を選びやすい
デメリット ●非課税の運用期間が短い ●商品選びが大変	**デメリット** ●年間の非課税投資枠が小さい ●積み立てしかできない
こんな人向け ●自分の裁量で売買したい人 ●ある程度の投資資金があって、リスクを取ってリターンを狙いたい人	**こんな人向け** ●これから資産運用を始める人 ●少額から積み立てて長期間運用したい人

NISAとつみたてNISAのしくみや特徴を理解して、自分に合ったほうを選びましょう
私は株式に投資するのでNISA！
私は少額をコツコツ積み立てていくからつみたてNISA！

NISAは終了する予定！

NISAは現在のところ2023年での終了を予定しており、2019年以降に購入したものは、ロールオーバー（翌年の非課税投資枠に移すこと）ができず、5年間で非課税は終わりです。この点も考慮して選択するとよいでしょう。なお、NISAからつみたてNISAに変更することは可能です（1年に1回)。
※今後の税制改正によって制度が変更されることもある。

はみ出しメモ つみたてNISAと一般NISAを変更することは可能であるが、原則として、変更しようとする年の前年の10月から12月の間に、金融機関で変更の手続きを完了する必要がある。

08

商品のラインナップなどを比較して金融機関を選ぶ

NISA・つみたてNISAを始めよう

まずは金融機関に口座を開設

NISAを利用するためには、銀行や証券会社などの金融機関にNISA口座を開設する必要があります。NISA口座を開設するには、まず開設したい金融機関から口座開設の書類を取り寄せ、書類が届いたら必要事項を記入して、本人確認書類の写しなどとともに金融機関に返送します。すると、金融機関が税務署にNISA口座開設を申請し、税務署が申請を確認します。

税務署で承認されると、金融機関から「口座開設のお知らせ」が届きます。これで口座開設は完了し、NISA口座での取引スタートです。

どこの金融機関を選ぶのか

では次に、つみたてNISAを選んだ場合の金融機関選びについて考えていきます。すでに触れましたが、**つみたてNISAの場合、口座管理料と購入時手数料は、どの金融機関でも無料**※になっています。ですから、この点についてはどの金融機関を選んでも同じになります。

選択のポイントの1つが「**商品のラインナップ**」です。金融機関によって取り扱っている商品は違うので、ラインナップが充実しているかどうかが金融機関選びで重要となります。取り扱っている商品が豊富な金融機関を選べば、選択肢も広がることになります。また、「最低購入金額」と「積み立て頻度の選択肢」も各金融機関によって異なるので、事前に比較したいポイントです。自分にあった金額や購入頻度を選択できるか確認しましょう。

そして、「サポートが充実しているかどうか」という点も確認します。たとえば、初心者なのでインターネットや電話によるサポートだけでは不安という人は、対面で質問・相談できる窓口があるかどうかを確認したうえで金融機関を選ぶという方法もあるでしょう。

※ETFの購入時手数料は1.25%以下

NISA 口座の開設の流れ

①金融機関から NISA口座開設書類を入手

↓

②金融機関に書類を提出

↓

③金融機関が 税務署にNISA口座開設申請

↓

④金融機関から申請結果の連絡

↓

⑤NISA口座開設完了

↓

NISA口座での取引開始

さまざまな金融機関でNISAを取り扱っています。ただし、どのような金融商品を扱っているかは金融機関によって異なります。事前にインターネットなどで確認しましょう

NISA 口座の申込から取引開始までの期間が短縮され、2019 年 1 月からは、税務署における二重口座でないことの確認を待たずに NISA 口座を開設し、取引を開始することが可能となっています。ただし、この制度の取扱いは金融機関によって異なるので、確認が必要です。

つみたて NISA の金融機関選びのポイント

商品ラインナップ
どのような金融商品を扱っているか？
種類は豊富か？

最低購入金額 積立頻度の選択肢
自分にあっているか？

サポート体制
サポートが充実しているか？

最低購入金額は、月額 100 円～、月額 1,000 円～というように金融機関によって異なります。積立頻度は毎日、毎週、毎月、隔月などがありますが、金融機関によって選べる頻度は異なるので、比較してみましょう。

はみ出しメモ 金融機関によっては、インターネットを通じて、オンラインで NISA 口座を開設することが可能。

09

ジュニアNISAとは？

0〜19歳の人が対象で非課税投資枠は80万円

未成年者対象のNISA

ジュニアNISA（未成年者少額投資非課税制度）は**未成年者（0〜19歳）を対象とした少額投資非課税制度で、年間80万円分の非課税投資枠が設定され、上場株式・株式投資信託等の配当・譲渡益等が非課税対象**となります。

ジュニアNISAは、口座を開設する年の1月1日時点で19歳以下の人が対象です。ただし、ジュニアNISA口座の運用・管理は未成年者本人が行うのではなく、原則として親権者や祖父母（二親等以内の親族）が代理して行います。

ジュニアNISAで取引できる金融商品は、株式投資信託、国内・海外の上場株式、国内・海外のETF、国内・海外のREITなどで、非上場株式や預貯金、債券などは対象外となります。

非課税期間は5年間ある

ジュニアNISAの非課税期間はNISAと同様に5年間。また、ジュニアNISA口座の投資可能期間は2023年までですが、2023年の制度終了時点で20歳になっていない人については、**2024年以降の各年において非課税期間（5年間）の終了した金融商品を継続管理勘定に移管（ロールオーバー）することができます。**継続管理勘定では20歳になるまで（1月1日時点で20歳である年の前年12月31日まで）、金融商品を非課税で保有し続けることができます。なお、**ロールオーバー可能な金額に上限はなく、**時価が80万円を超過している場合も、そのすべてを継続管理勘定に移すことができます。

ただし、継続管理勘定では売却は可能ですが、**新規の買い付けを行うことはできません。**

なお、ジュニアNISA期間内に20歳になる場合には、自動的にNISA口座が開設されます。

ジュニアNISA（未成年者少額投資非課税制度）の概要

利用できる人	日本に住む0～19歳の人（口座を開設する年の1月1日現在）
非課税対象	株式・投資信託等への投資から得られる配当金・分配金や譲渡益
口座開設可能数	1人1口座
非課税投資枠	新規投資額で毎年80万円が上限
非課税期間	最長5年間
資産の引出し	18歳まで制限あり
投資可能期間	2016～2023年
運用管理者	口座開設者本人（未成年者）の二親等以内の親族（両親・祖父母等）

ジュニアNISAイメージ図

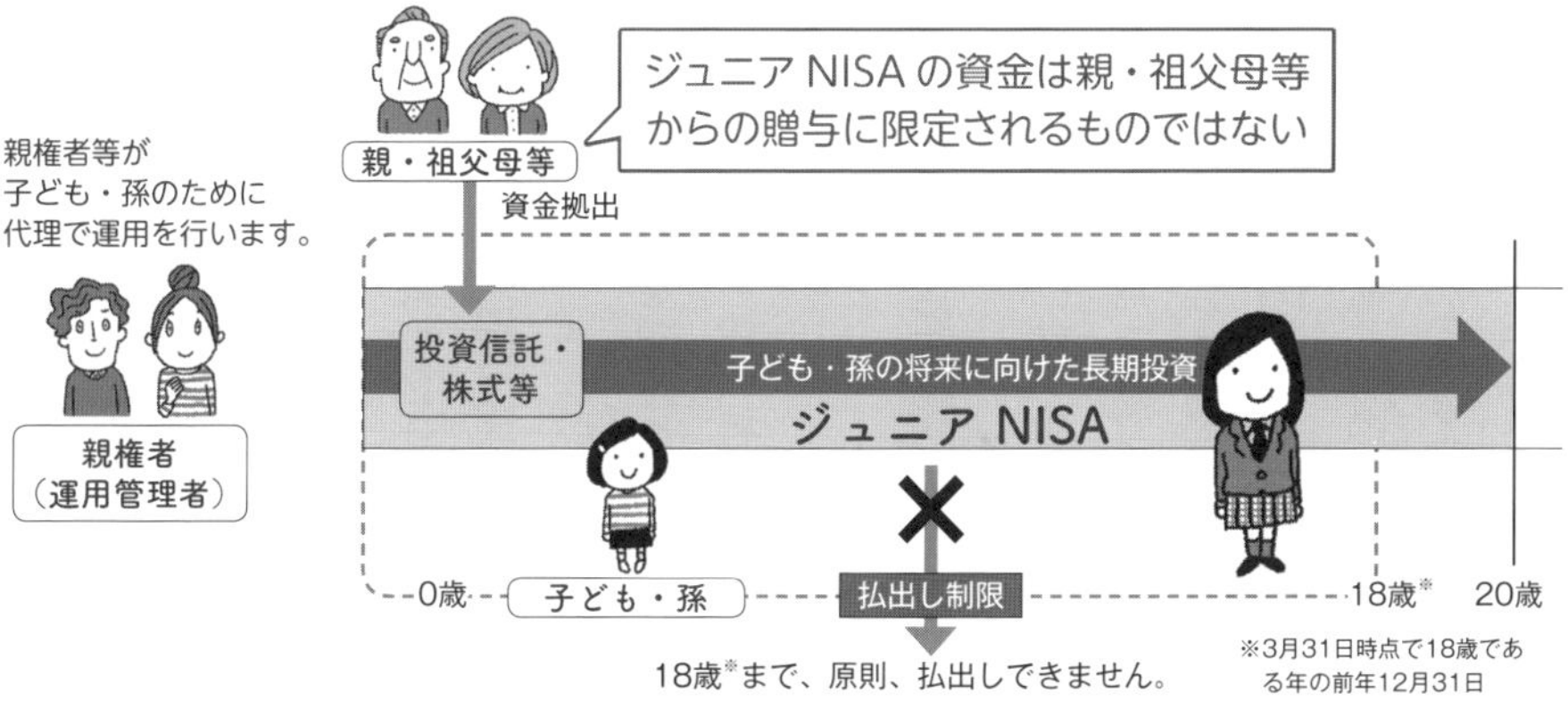

20歳になる前に制度が終了してしまう場合

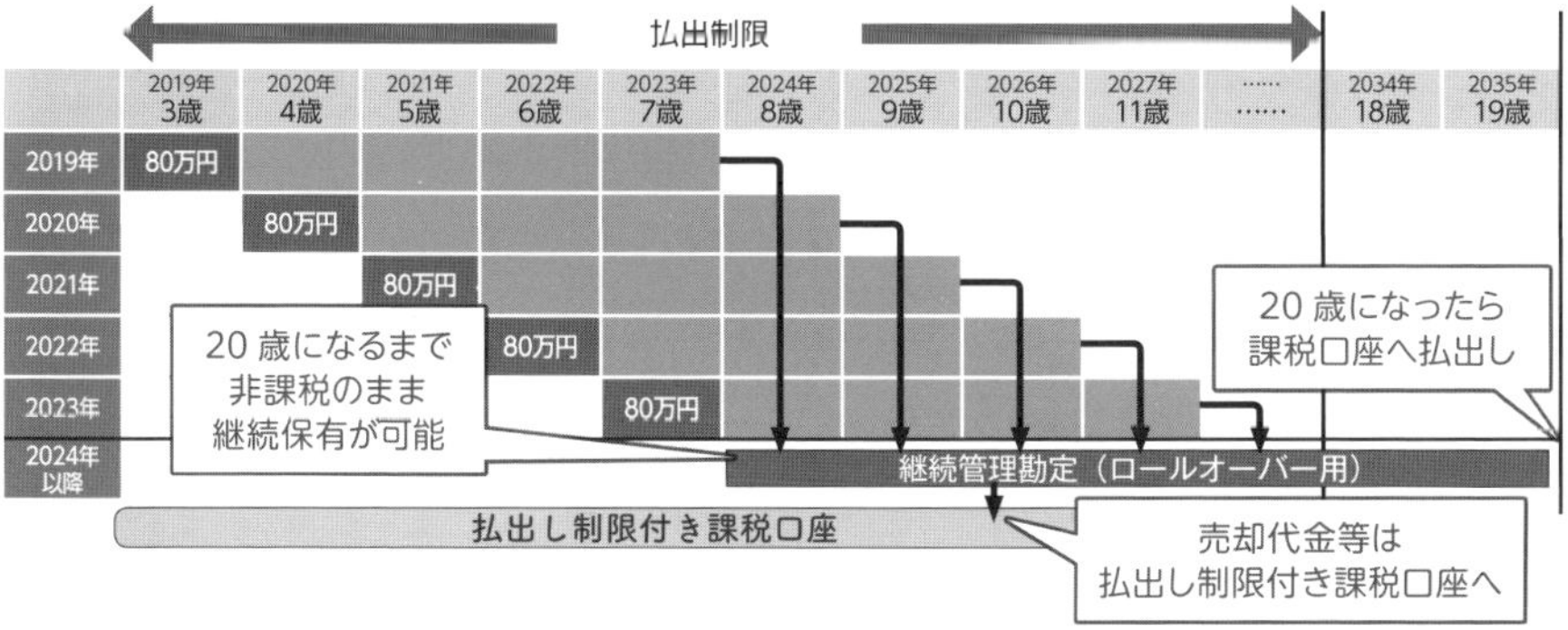

はみ出しメモ ジュニアNISA口座で運用することのできる資金は、口座開設者本人（未成年者）に帰属する資金に限定される。

10

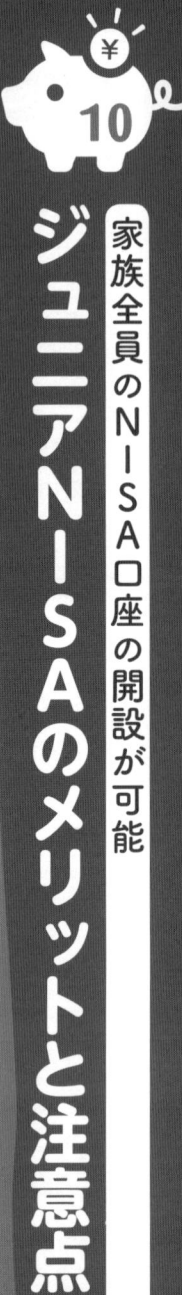

ジュニアNISAのメリットと注意点

家族全員のNISA口座の開設が可能

多くの非課税投資枠を利用

ジュニアNISAのメリットとして、ジュニアNISAを活用することで、**口座内で投資した金融商品（株式や投資信託など）の配当金、譲渡益等にかかる税金が非課税になる**ことが挙げられます。

ジュニアNISAは、いわば子ども用のNISA。両親等は一般NISA・つみたてNISA、子どもはジュニアNISAを利用することで、家族全員のNISA口座の開設が可能です。そうすることによって、より多くの非課税投資枠を利用することができます。

たとえば、両親が一般NISAを利用すると、父親120万円、母親120万円の非課税投資枠を使うことができます。さらに、ジュニアNISA口座を開設すると、子ども1人あたり80万円の枠を得ることができます。

デメリット・注意点を確認

ジュニアNISAには、次のようなデメリットや注意点もあります。

●払出し制限あり…ジュニアNISAは、口座開設者が18歳になる（3月31日時点で18歳である年の前年12月31日）までは払出しができません。ジュニアNISAは中長期にわたる投資のための制度であり、子どもや孫の将来に向けた資産形成を主な目的としているからです。途中で払出しをした場合は、原則として過去に非課税とされていた利益に課税され、口座が廃止されます※。

●金融機関を変更できない…NISAと異なり、ジュニアNISAでは金融機関の変更はできません。ただし、開設していたジュニアNISA口座を廃止することにより、ほかの金融機関でジュニアNISA口座を再開設することは可能です。払出し制限が解除される年より前に口座を廃止する場合には、災害等やむを得ない事由により口座廃止する場合を

※災害等やむを得ない事由による場合には、例外的に非課税での払出しが可能です。その際も口座は廃止することになります

除き、非課税で受領した過去の配当金、譲渡益などが課税されることになります。

●繰越し・損益通算できない…NISAと同様、その年の非課税投資枠の未使用分があっても、翌年以降に繰り越すことはできません。また、未成年者口座内で保有している金融商品が値下がりした後に売却するなどして損失が出た場合でも、ほかの口座で保有している金融商品の配当金や売却によって得た利益との相殺（損益通算）はできません。

なお、**ジュニアNISAを利用するためには、銀行や証券会社などにジュニアNISA口座を開設する必要があります。**口座開設の流れはNISA口座の場合と同様です（↓P84参照）。

ジュニアNISAには払出し制限がある

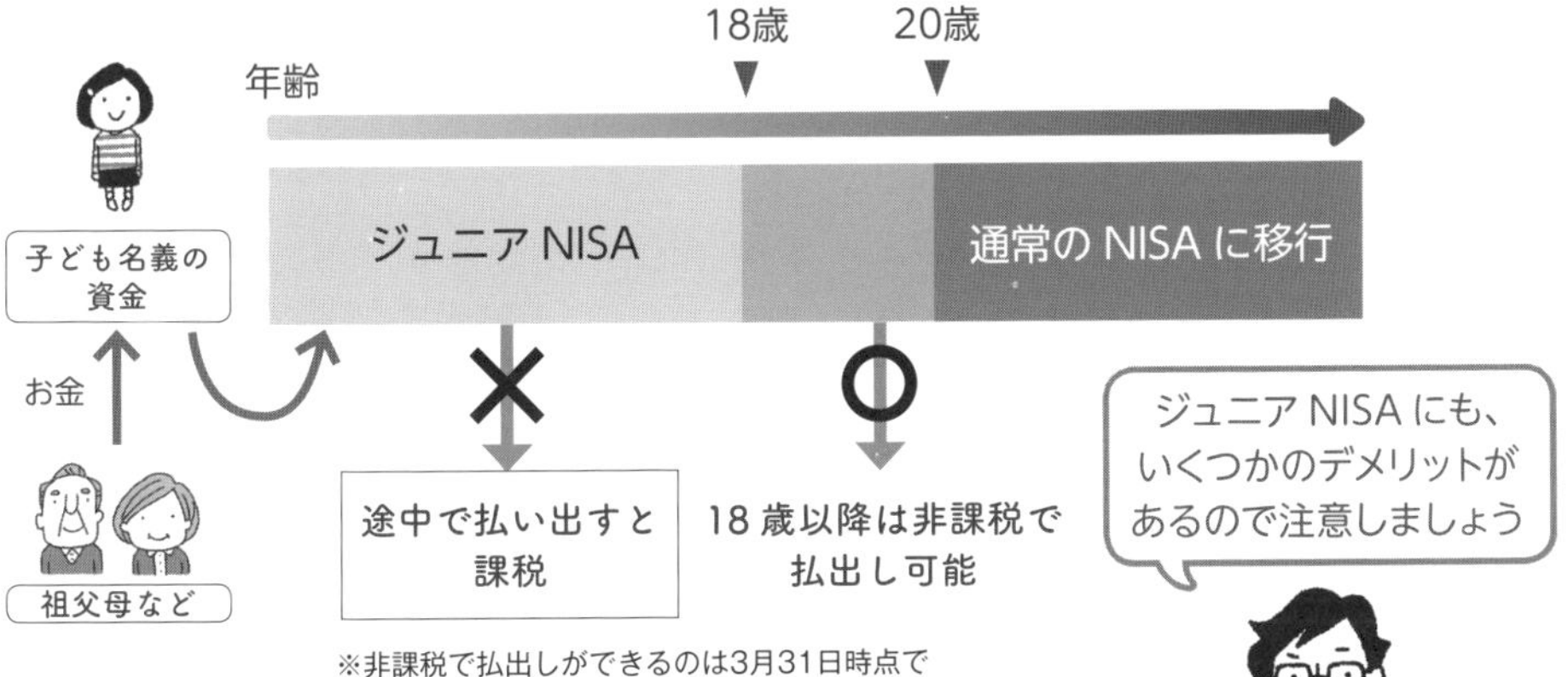

※非課税で払出しができるのは3月31日時点で18歳の年の1月1日から

金融機関を変更できない

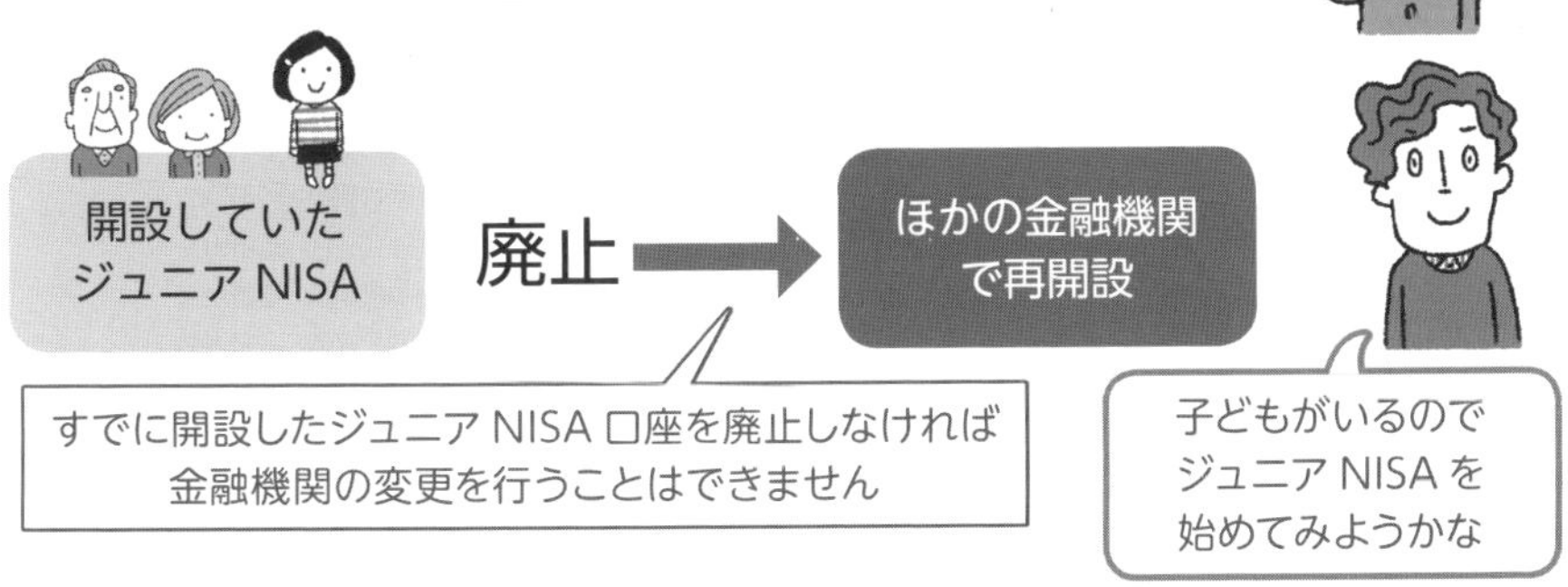

はみ出しメモ 非課税投資枠80万円については、1年の間であれば、1度に上限の80万円を投資することも、分割して投資することも可能。

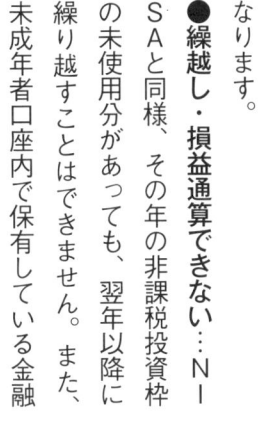

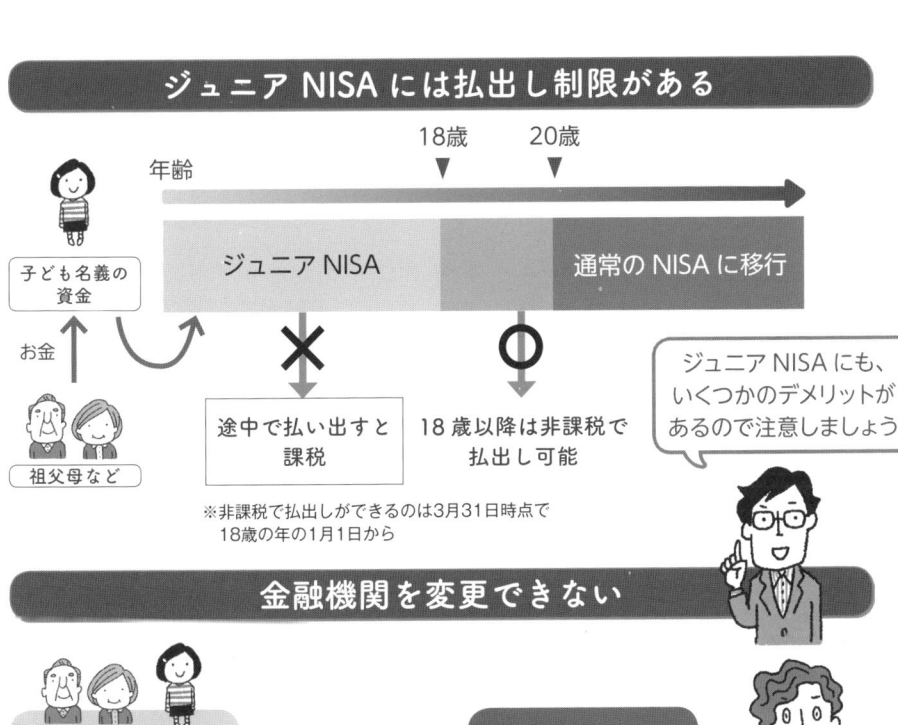

つみたてNISA
対象商品届出一覧（運用会社別）

ファンド名称	運用会社
【指定インデックス投資信託：148本】	
JP4資産均等バランス	JP投信(株)
auスマート・ベーシック（安定）	KDDIアセットマネジメント(株)
auスマート・ベーシック（安定成長）	KDDIアセットマネジメント(株)
SBI・全世界株式インデックス・ファンド	SBIアセットマネジメント(株)
SBI・新興国株式インデックス・ファンド	SBIアセットマネジメント(株)
SBI・先進国株式インデックス・ファンド	SBIアセットマネジメント(株)
SBI・バンガード・S&P500インデックス・ファンド	SBIアセットマネジメント(株)
朝日ライフ 日経平均ファンド	朝日ライフ アセットマネジメント(株)
たわらノーロード TOPIX	アセットマネジメントOne(株)
たわらノーロード 最適化バランス（安定型）	アセットマネジメントOne(株)
たわらノーロード 最適化バランス（安定成長型）	アセットマネジメントOne(株)
たわらノーロード 最適化バランス（成長型）	アセットマネジメントOne(株)
たわらノーロード 最適化バランス（積極型）	アセットマネジメントOne(株)
たわらノーロード 最適化バランス（保守型）	アセットマネジメントOne(株)
たわらノーロード 新興国株式	アセットマネジメントOne(株)
たわらノーロード 先進国株式	アセットマネジメントOne(株)
たわらノーロード 先進国株式〈為替ヘッジあり〉	アセットマネジメントOne(株)
たわらノーロード 日経225	アセットマネジメントOne(株)
たわらノーロード バランス（8資産均等型）	アセットマネジメントOne(株)
たわらノーロード バランス（堅実型）	アセットマネジメントOne(株)
たわらノーロード バランス（積極型）	アセットマネジメントOne(株)
たわらノーロード バランス（標準型）	アセットマネジメントOne(株)
たわらノーロード 全世界株式	アセットマネジメントOne(株)
日本株式・Jリートバランスファンド	岡三アセットマネジメント(株)
しんきんノーロード日経225	しんきんアセットマネジメント投信(株)
全世界株式インデックス・ファンド	ステート・ストリート・グローバル・アドバイザーズ(株)
米国株式インデックス・ファンド	ステート・ストリート・グローバル・アドバイザーズ(株)
iFree 8資産バランス	大和証券投資信託委託(株)
iFree JPX日経400インデックス	大和証券投資信託委託(株)
iFree S&P500インデックス	大和証券投資信託委託(株)
iFree TOPIXインデックス	大和証券投資信託委託(株)
iFree 外国株式インデックス（為替ヘッジあり）	大和証券投資信託委託(株)
iFree 外国株式インデックス（為替ヘッジなし）	大和証券投資信託委託(株)
iFree 新興国株式インデックス	大和証券投資信託委託(株)
iFree 日経225インデックス	大和証券投資信託委託(株)
ダイワ・ライフ・バランス30	大和証券投資信託委託(株)
ダイワ・ライフ・バランス50	大和証券投資信託委託(株)
ダイワ・ライフ・バランス70	大和証券投資信託委託(株)

ファンド名称	運用会社
ドイチェ・ETFバランス・ファンド	ドイチェ・アセット・マネジメント(株)
東京海上・円資産インデックスバランスファンド	東京海上アセットマネジメント(株)
〈購入・換金手数料なし〉ニッセイ・インデックスバランスファンド（4資産均等型）	ニッセイアセットマネジメント(株)
〈購入・換金手数料なし〉ニッセイ・インデックスバランスファンド（6資産均等型）	ニッセイアセットマネジメント(株)
〈購入・換金手数料なし〉ニッセイJPX日経400インデックスファンド	ニッセイアセットマネジメント(株)
〈購入・換金手数料なし〉ニッセイTOPIXインデックスファンド	ニッセイアセットマネジメント(株)
〈購入・換金手数料なし〉ニッセイ外国株式インデックスファンド	ニッセイアセットマネジメント(株)
〈購入・換金手数料なし〉ニッセイ新興国株式インデックスファンド	ニッセイアセットマネジメント(株)
〈購入・換金手数料なし〉ニッセイ日経平均インデックスファンド	ニッセイアセットマネジメント(株)
DCニッセイワールドセレクトファンド（安定型）	ニッセイアセットマネジメント(株)
DCニッセイワールドセレクトファンド（株式重視型）	ニッセイアセットマネジメント(株)
DCニッセイワールドセレクトファンド（債券重視型）	ニッセイアセットマネジメント(株)
DCニッセイワールドセレクトファンド（標準型）	ニッセイアセットマネジメント(株)
ニッセイ・インデックスパッケージ（国外・株式／リート／債券）	ニッセイアセットマネジメント(株)
ニッセイ・インデックスパッケージ（内外・株式）	ニッセイアセットマネジメント(株)
ニッセイ・インデックスパッケージ（内外・株式／リート）	ニッセイアセットマネジメント(株)
ニッセイ・インデックスパッケージ（内外・株式／リート／債券）	ニッセイアセットマネジメント(株)
ニッセイTOPIXオープン	ニッセイアセットマネジメント(株)
ニッセイ日経225インデックスファンド	ニッセイアセットマネジメント(株)
農林中金〈パートナーズ〉つみたてNISA日本株式 日経225	農林中金全共連アセットマネジメント(株)
農林中金〈パートナーズ〉つみたてNISA米国株式 S&P500	農林中金全共連アセットマネジメント(株)
世界6資産分散ファンド	野村アセットマネジメント(株)
野村6資産均等バランス	野村アセットマネジメント(株)
野村インデックスファンド・JPX日経400	野村アセットマネジメント(株)
野村インデックスファンド・TOPIX	野村アセットマネジメント(株)
野村インデックスファンド・海外5資産バランス	野村アセットマネジメント(株)
野村インデックスファンド・外国株式	野村アセットマネジメント(株)
野村インデックスファンド・外国株式・為替ヘッジ型	野村アセットマネジメント(株)
野村インデックスファンド・新興国株式	野村アセットマネジメント(株)
野村インデックスファンド・内外7資産バランス・為替ヘッジ型	野村アセットマネジメント(株)
野村インデックスファンド・日経225	野村アセットマネジメント(株)
野村つみたて外国株投信	野村アセットマネジメント(株)
野村つみたて日本株投信	野村アセットマネジメント(株)
野村資産設計ファンド（DC・つみたてNISA）2030	野村アセットマネジメント(株)
野村資産設計ファンド（DC・つみたてNISA）2040	野村アセットマネジメント(株)
野村資産設計ファンド（DC・つみたてNISA）2050	野村アセットマネジメント(株)
野村資産設計ファンド（DC・つみたてNISA）2060	野村アセットマネジメント(株)
フィデリティ・ターゲット・デート・ファンド（ベーシック）2040	フィデリティ投信(株)
フィデリティ・ターゲット・デート・ファンド（ベーシック）2050	フィデリティ投信(株)
フィデリティ・ターゲット・デート・ファンド（ベーシック）2060	フィデリティ投信(株)
ブラックロック・つみたて・グローバルバランスファンド	ブラックロック・ジャパン(株)
外国株式指数ファンド	三井住友DSアセットマネジメント(株)
三井住友・DC新興国株式インデックスファンド	三井住友DSアセットマネジメント(株)
三井住友・DCターゲットイヤーファンド2040（4資産タイプ）	三井住友DSアセットマネジメント(株)
三井住友・DCターゲットイヤーファンド2045（4資産タイプ）	三井住友DSアセットマネジメント(株)
三井住友・DCつみたてNISA・世界分散ファンド	三井住友DSアセットマネジメント(株)
三井住友・DCつみたてNISA・全海外株インデックスファンド	三井住友DSアセットマネジメント(株)
三井住友・DCつみたてNISA・日本株インデックスファンド	三井住友DSアセットマネジメント(株)

ファンド名称	運用会社
三井住友・DC年金バランス30（債券重点型）	三井住友DSアセットマネジメント(株)
三井住友・DC年金バランス50（標準型）	三井住友DSアセットマネジメント(株)
三井住友・DC年金バランス70（株式重点型）	三井住友DSアセットマネジメント(株)
i-SMT TOPIXインデックス（ノーロード）	三井住友トラスト・アセットマネジメント(株)
i-SMT グローバル株式インデックス（ノーロード）	三井住友トラスト・アセットマネジメント(株)
i-SMT 新興国株式インデックス（ノーロード）	三井住友トラスト・アセットマネジメント(株)
i-SMT日経225インデックス（ノーロード）	三井住友トラスト・アセットマネジメント(株)
SBI資産設計オープン（つみたてNISA対応型）	三井住友トラスト・アセットマネジメント(株)
SMT　8資産インデックスバランス・オープン	三井住友トラスト・アセットマネジメント(株)
SMT　JPX日経インデックス400・オープン	三井住友トラスト・アセットマネジメント(株)
SMT　TOPIXインデックス・オープン	三井住友トラスト・アセットマネジメント(株)
SMT　グローバル株式インデックス・オープン	三井住友トラスト・アセットマネジメント(株)
SMT　新興国株式インデックス・オープン	三井住友トラスト・アセットマネジメント(株)
SMT　世界経済インデックス・オープン	三井住友トラスト・アセットマネジメント(株)
SMT　世界経済インデックス・オープン（株式シフト型）	三井住友トラスト・アセットマネジメント(株)
SMT　世界経済インデックス・オープン（債券シフト型）	三井住友トラスト・アセットマネジメント(株)
SMT　日経225インデックス・オープン	三井住友トラスト・アセットマネジメント(株)
eMAXIS JPX日経400インデックス	三菱UFJ国際投信(株)
eMAXIS Slim 国内株式（TOPIX）	三菱UFJ国際投信(株)
eMAXIS Slim 国内株式（日経平均）	三菱UFJ国際投信(株)
eMAXIS Slim 新興国株式インデックス	三菱UFJ国際投信(株)
eMAXIS Slim 先進国株式インデックス	三菱UFJ国際投信(株)
eMAXIS Slim 全世界株式（3地域均等型）	三菱UFJ国際投信(株)
eMAXIS Slim 全世界株式（除く日本）	三菱UFJ国際投信(株)
eMAXIS Slim 全世界株式（オール・カントリー）	三菱UFJ国際投信(株)
eMAXIS Slim バランス（8資産均等型）	三菱UFJ国際投信(株)
eMAXIS Slim 米国株式（S&P500）	三菱UFJ国際投信(株)
eMAXIS TOPIXインデックス	三菱UFJ国際投信(株)
eMAXIS 最適化バランス（マイ　ゴールキーパー）	三菱UFJ国際投信(株)
eMAXIS 最適化バランス（マイ　ストライカー）	三菱UFJ国際投信(株)
eMAXIS 最適化バランス（マイ　ディフェンダー）	三菱UFJ国際投信(株)
eMAXIS 最適化バランス（マイ　フォワード）	三菱UFJ国際投信(株)
eMAXIS 最適化バランス（マイ　ミッドフィルダー）	三菱UFJ国際投信(株)
eMAXIS 新興国株式インデックス	三菱UFJ国際投信(株)
eMAXIS 先進国株式インデックス	三菱UFJ国際投信(株)
eMAXIS 全世界株式インデックス	三菱UFJ国際投信(株)
eMAXIS 日経225インデックス	三菱UFJ国際投信(株)
eMAXIS バランス（4資産均等型）	三菱UFJ国際投信(株)
eMAXIS バランス（8資産均等型）	三菱UFJ国際投信(株)
eMAXIS マイマネージャー　1970s	三菱UFJ国際投信(株)
eMAXIS マイマネージャー　1980s	三菱UFJ国際投信(株)
eMAXIS マイマネージャー　1990s	三菱UFJ国際投信(株)
つみたて4資産均等バランス	三菱UFJ国際投信(株)
つみたて8資産均等バランス	三菱UFJ国際投信(株)
つみたて新興国株式	三菱UFJ国際投信(株)
つみたて先進国株式	三菱UFJ国際投信(株)
つみたて先進国株式（為替ヘッジあり）	三菱UFJ国際投信(株)
つみたて日本株式（TOPIX）	三菱UFJ国際投信(株)

ファンド名称	運用会社
つみたて日本株式（日経平均）	三菱UFJ国際投信(株)
楽天・インデックス・バランス・ファンド（株式重視型）	楽天投信投資顧問(株)
楽天・インデックス・バランス・ファンド（均等型）	楽天投信投資顧問(株)
楽天・インデックス・バランス・ファンド（債券重視型）	楽天投信投資顧問(株)
楽天・全世界株式インデックス・ファンド	楽天投信投資顧問(株)
楽天・全米株式インデックス・ファンド	楽天投信投資顧問(株)
Smart-i　8資産バランス　安定型	りそなアセットマネジメント(株)
Smart-i　8資産バランス　安定成長型	りそなアセットマネジメント(株)
Smart-i　8資産バランス　成長型	りそなアセットマネジメント(株)
Smart-i　TOPIXインデックス	りそなアセットマネジメント(株)
Smart-i　新興国株式インデックス	りそなアセットマネジメント(株)
Smart-i　先進国株式インデックス	りそなアセットマネジメント(株)
Smart-i　日経225インデックス	りそなアセットマネジメント(株)
つみたてバランスファンド	りそなアセットマネジメント(株)

【指定インデックス投資信託以外の投資信託(アクティブ運用投資信託等)：18本】

EXE-i　グローバル中小型株式ファンド	SBIアセットマネジメント(株)
結い2101	鎌倉投信(株)
コモンズ30ファンド	コモンズ投信(株)
セゾン・バンガード・グローバルバランスファンド	セゾン投信(株)
セゾン資産形成の達人ファンド	セゾン投信(株)
ハッピーエイジング20	損保ジャパン日本興亜アセットマネジメント(株)
ハッピーエイジング30	損保ジャパン日本興亜アセットマネジメント(株)
ハッピーエイジング40	損保ジャパン日本興亜アセットマネジメント(株)
大和住銀DC国内株式ファンド	三井住友DSアセットマネジメント(株)
年金積立　Jグロース	日興アセットマネジメント(株)
ニッセイ日本株ファンド	ニッセイアセットマネジメント(株)
のむラップ・ファンド（積極型）	野村アセットマネジメント(株)
フィデリティ・欧州株・ファンド	フィデリティ投信(株)
フィデリティ・米国優良株・ファンド	フィデリティ投信(株)
世界経済インデックスファンド	三井住友トラスト・アセットマネジメント(株)
eMAXIS NYダウインデックス	三菱UFJ国際投信(株)
ひふみ投信	レオス・キャピタルワークス(株)
ひふみプラス	レオス・キャピタルワークス(株)

【上場株式投資信託(ETF)：7本】

ダイワ上場投信―JPX日経400	大和証券投資信託委託(株)
ダイワ上場投信―トピックス	大和証券投資信託委託(株)
ダイワ上場投信―日経225	大和証券投資信託委託(株)
上場インデックスファンド米国株式（S&P500）	日興アセットマネジメント(株)
上場インデックスファンド世界株式（MSCI ACWI）除く日本	日興アセットマネジメント(株)
上場インデックスファンド海外先進国株式（MSCI-KOKUSAI）	日興アセットマネジメント(株)
上場インデックスファンド海外新興国株式（MSCIエマージング）	日興アセットマネジメント(株)

※2019年10月1日現在の金融庁HPによる

第4章

iDeCoを始めよう！

では、次は『iDeCo』について説明していきましょう
iDeCo
個人型確定拠出年金のことですか？
年金
そう 個人型確定拠出年金とは自分でつくる年金です
加入して自分で毎月一定の金額を積み立てます
年金
iDeCo
厚生年金
国民年金
あらかじめ用意された定期預金・保険・投資信託といった金融商品で自ら運用し
60歳以降に掛金とその運用益との合計額をもとに給付を受けることができるというしくみ
定期預金
保険
投資信託
などで運用
年金
60歳
掛金

iDeCo（個人型確定拠出年金）は、自分でつくる年金制度です。自分で毎月一定の金額を積み立て、あらかじめ用意された定期預金・保険・投資信託といった金融商品で自ら運用し、60歳以降に掛金とその運用益との合計額をもとに給付を受けることができるというしくみになっています。また、税制上の優遇措置が受けられるというメリットもあります。

01

iDeCoで自分年金をつくろう！

iDeCoとはどのようなもの？

自分でつくる年金制度

iDeCo（個人型確定拠出年金）は、**確定拠出年金法という法律に基づいて実施されている私的な年金で、自分でつくる年金制度**です。加入したい人が自分で申し込み、自分で毎月一定の金額を積み立てます（**「掛金を拠出する」という**）。そして、あらかじめ用意された定期預金・保険・投資信託といった金融商品を自ら運用し、**60歳以降に掛金とその運用益との合計額をもとに給付を受けることができる**というしくみになっています。また、掛金、運用益、そして給付を受け取るときに、税制上の優遇措置が受けられるメリットがあります（↓P104参照）。

2017年1月から、基本的に20歳以上60歳未満のすべての人が加入できるようになり、多くの人が加入できる制度になっています。

運用商品は自分で選ぶ

掛金の拠出は指定口座からの口座振替で行い、掛金は毎月5,000円から1,000円単位で設定できます。年間の上限額の範囲であれば、毎月の拠出額を自由に設定することが可能です。

また、2018年1月より、掛金の拠出を1年の単位で考え、加入者が年1回以上任意に決めた月にまとめて拠出（年単位拠出）できるようにもなっています。

ただし、拠出したお金は原則60歳まで引き出すことができないので、家計に無理のない範囲で拠出額を設定しましょう。

運用商品は、運営管理機関の選定リストの中から、リスク許容度や目標利回りなどを考え合わせて、自由に組みあわせます。そして、掛金でどの運用商品をどれだけ購入するかの配分、つまり掛金の何%をどの商品に振り分けるかの比率を決めて、自分で決めた配分比率に基づいて購入します。

iDeCo のイメージ図

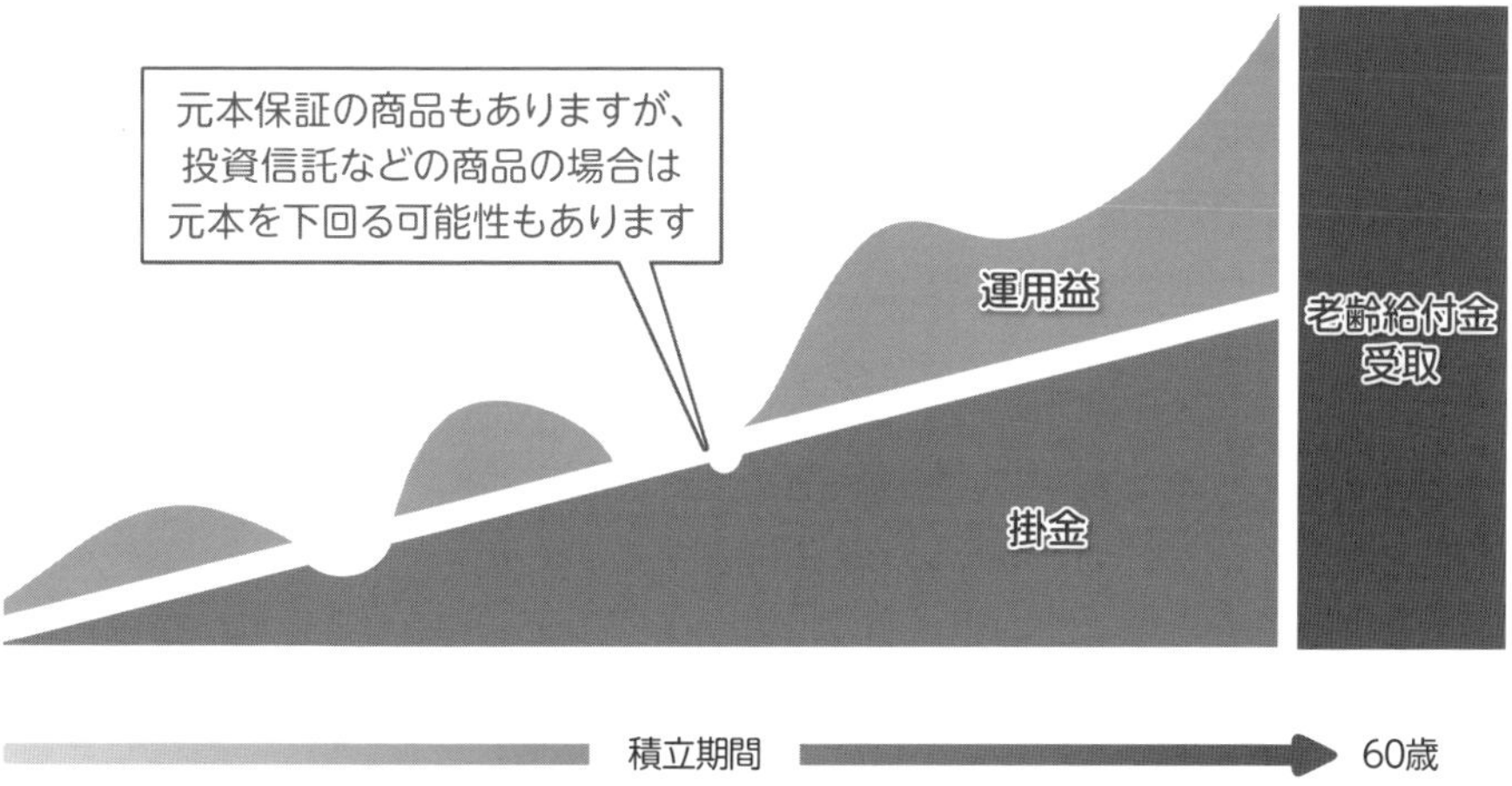

自分で拠出	自分で運用	年金受取
拠出額を自由に設定。ただし、家計に無理のない範囲で。	自分で選んだ運用商品で掛金を運用する。	60 歳以降に老齢給付金を受け取る。

iDeCoでは、運用によって得た利益が積立金にプラスされていくため、長期運用の中で大きく増えていく可能性があり、運用期間が長くなるほど、その効果・メリットも大きくなります。

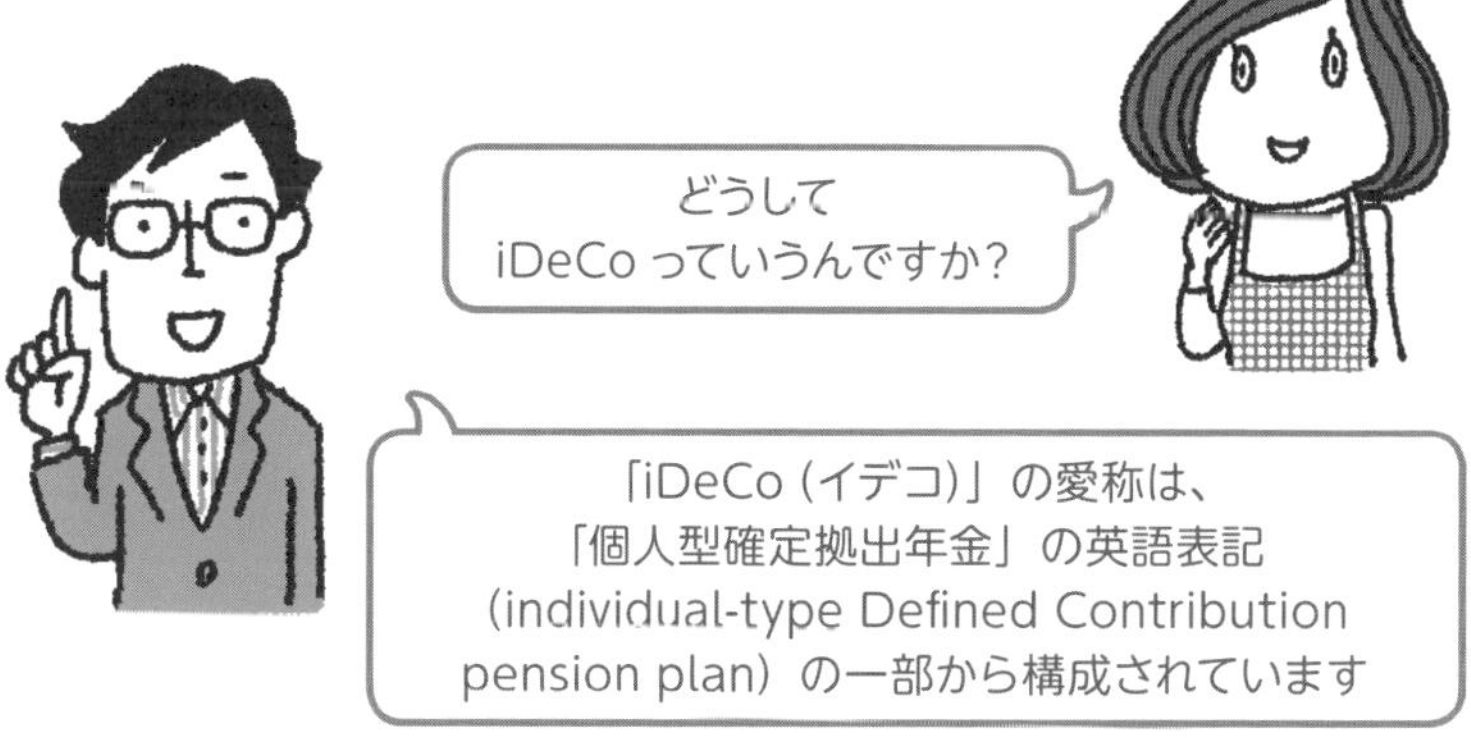

用語 **iDeCo** 「i」には「私」という意味が込められており、「自分で運用する年金」の特徴を表している。

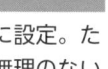

02

日本の年金制度はどうなっている？

1・2階が公的年金、3階が私的年金

日本の年金制度は3階建て

ここで、そもそもわが国の年金制度はどのようなしくみになっているのか、触れておきます。

日本の年金制度は、3階建ての構造になっているといわれます。1階部分は**国民全員が加入する「国民年金」**、2階部分は会社員などが加入する、**職業に応じた上乗せ給付を行う「厚生年金保険」**。この1・2階部分を**「公的年金」**といい、国が社会保障の一環として運営しています。

そして3階部分が、公的年金に上乗せして**企業や個人が任意で加入することができる「私的年金」**です。iDeCoはこの3階部分に位置します。

老齢基礎年金と老齢厚生年金

国民年金は20歳以上60歳未満の国民全員加入の制度で、すべての年金の土台になることから基礎年金とも呼ばれています。加入者は3つに区分され、自営業者などを第1号被保険者、会社員・公務員などの厚生年金加入者を第2号被保険者、第2号被保険者の被扶養配偶者を第3号被保険者といいます。

この国民年金から老後に給付されるのが**老齢基礎年金**、そして会社員などが加入する厚生年金保険からの給付が**老齢厚生年金**です。

国民年金の加入期間は20歳から60歳になるまでの40年間です。このうち、10年間以上加入（保険料を納付）していることが老齢基礎年金を受け取る条件です。40年間保険料を納付していれば満額の老齢基礎年金を受け取ることができますが、未納や免除の期間があれば、もらえる年金額は減ります。また、老齢基礎年金の受給開始は65歳からが原則です。

老齢厚生年金は、老齢基礎年金の受給資格があり、厚生年金保険の加入期間が1カ月以上あれば、加入期間と加入時の給与・賞与に基づいた年金額を受け取ることができます。

年金制度は3階建ての構造

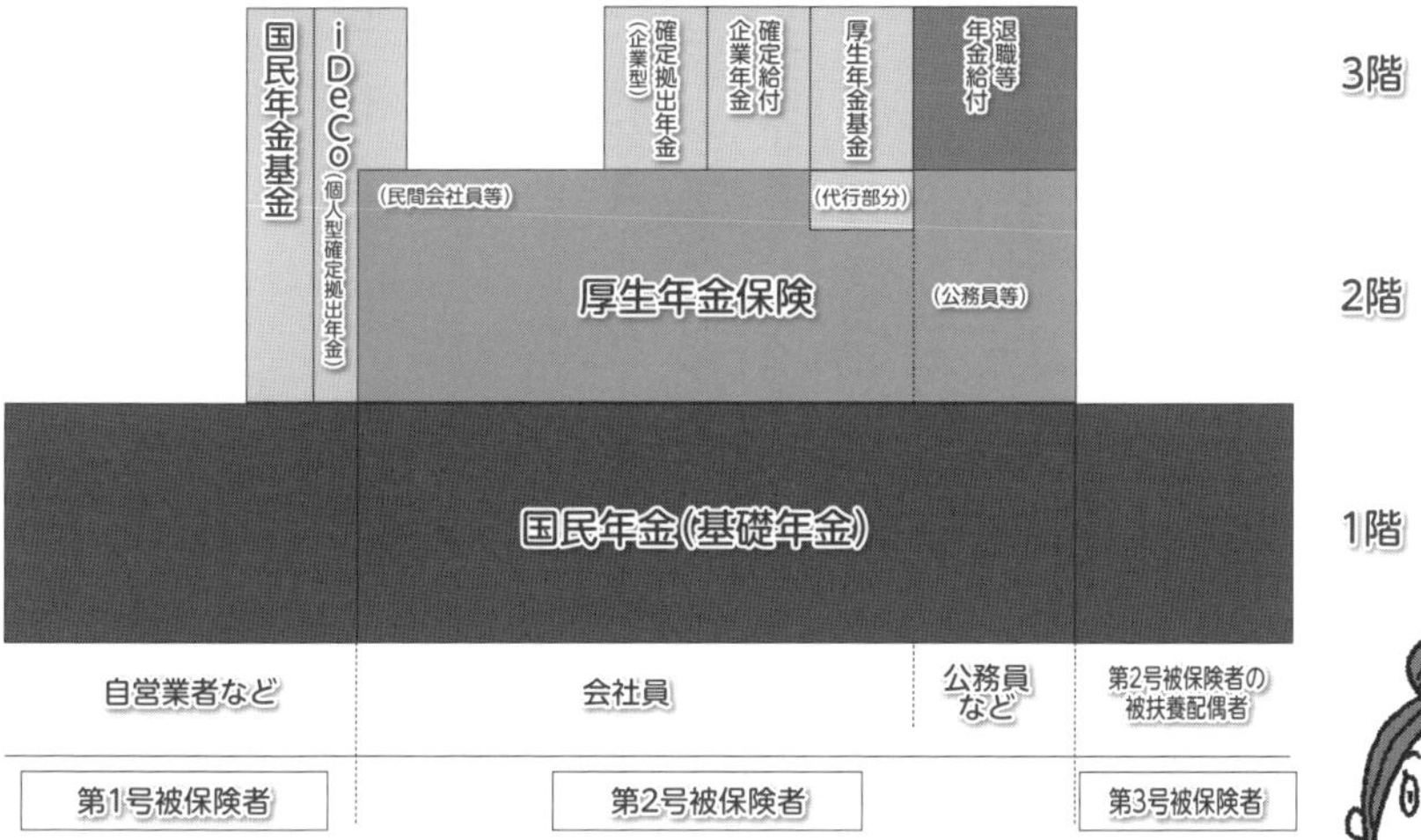

国民年金と厚生年金保険

加入する制度	国民年金		国民年金 + 厚生年金
対象	大学生・自営業など (第1号被保険者)	専業主婦(夫)など (第3号被保険者)	会社員・公務員など (第2号被保険者)
特徴	保険料を全額自己負担する必要があるが、支払いが困難な場合の免除制度がある。	第2号被保険者に扶養されている、20歳以上60歳未満の配偶者が対象。自己負担なし。	給与・賞与に保険料率を乗じた保険料を会社と折半し負担する。
受け取れる年金	基礎年金	基礎年金	基礎年金 + 厚生年金

公的年金制度は私たちの老後を支えるものですが、3〜10ページで触れたとおり、超高齢社会を迎え、公的年金制度は保険料の負担は増加し、年金の給付は抑えられていくことが予想されています。ですから、年金制度だけに頼るのではなく、自分自身で老後に向けた準備、つまり「自分で年金をつくる」必要があるのです。

はみ出しメモ 日本は世界でも有数の長寿国といわれている。また、現在65歳の人の平均余命は、男性が19.70年、女性が24.50年となっている(「平成30年簡易生命表」/厚生労働省)。

03 確定拠出年金の制度のしくみ

2つの制度、どちらも加入者が運用する

企業型と個人型がある

日本の年金制度は3階建ての構造ですが、3階部分にあたるのが私的年金。**企業年金**（↓次ページ下の「用語」参照）や**確定拠出年金**です。

確定拠出年金は、企業や加入者が毎月一定額の掛金を拠出して、加入者が自分で運用する年金制度です。

企業型確定拠出年金と、**iDeCo（個人型確定拠出年金）**の2種類があります。

企業型の場合、決まったルールに基づき、企業が掛金を拠出します。ただし、従業員（加入者）が一定の範囲内で掛金を拠出するケースもあります（マッチング拠出）。

iDeCoの場合は、加入者が自分で掛金の金額を決め、自分で掛金を拠出します。

拠出した掛金の運用は、どちらの場合でも加入者自身が行います。ここが大事な共通点です。自分に合った運用商品を選ぶことはもちろん、定期的に運用状況の確認を行い、場合によっては運用商品の変更を行います（↓運用商品選びについてはP114、116、運用商品の変更についてはP120参照）。

なお、確定拠出年金は、加入者が退職して国民年金の加入者となった場合などには個人型年金へ、転職した場合は転職先の企業型年金等へ資産を移換することができます（**持ち運ぶことができる＝ポータビリティ**）。

さまざまな機関で成り立つ

確定拠出年金の運営は、さまざまな機関によって成り立っています。

加入者の**掛金はiDeCoの運営主体である国民年金基金連合会に支払われ、管理されます**。そして、運営管理機関（銀行・証券会社など）が、国民年金基金連合会の委託を受け、加入の申し込みの受付や、運用商品の選定・提示、商品の情報提供などを行い、加入者をサポートしていきます。

個人型確定拠出年金制度（iDeCo）のイメージ

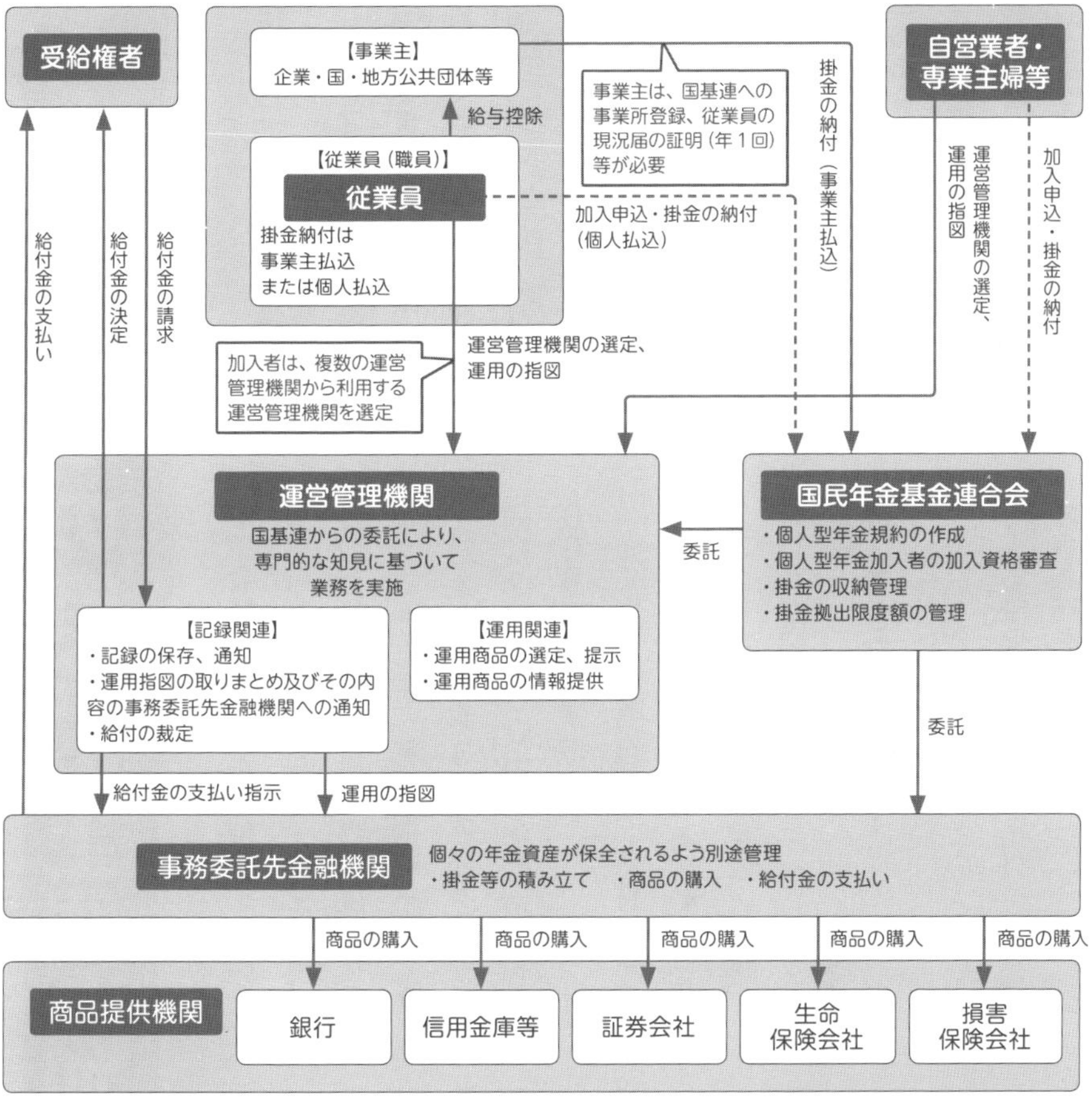

確定拠出年金制度の概要

	企業型年金	iDeCo
実施主体	企業型年金規約の承認を受けた企業	国民年金基金連合会
加入できる人	実施企業に勤務する従業員	1. 自営業者等 2. 厚生年金保険の被保険者※（公務員や私学共済制度の加入者を含む） 3. 専業主婦（夫）等
掛金の拠出	事業主が拠出（規約に定めた場合は加入者も拠出可能）	加入者個人が拠出

※企業型年金加入者においては、企業型年金規約で個人型年金への加入が認められている人に限る

用語　**企業年金**　厚生年金基金や確定給付企業年金。現在は確定給付企業年金が主流で、企業などが支払った掛金を金融機関が運用する。運用責任は企業にあり、従業員に給付する額を担保する。

04

掛金の限度額は働き方によって異なる

iDeCoの掛金の上限と加入資格は？

働き方によって異なる掛金の上限

iDeCoは、掛金の拠出額を自由に設定できますが、**限度額（上限）が定められています。**限度額は、その人の働き方によって異なります。

自営業者等を対象とする第1号被保険者の掛金の限度額は、月額68,000円（年額81万6,000円）です。ただし、この金額は国民年金の付加保険料や国民年金基金（第1号被保険者のための任意加入の制度）の掛金と合算した金額です。

会社員や公務員等を対象とする第2号被保険者の場合、職種や条件によって掛金の限度額は異なります。会社員等は、企業型確定拠出年金・確定給付企業年金・厚生年金基金の有無によって掛金の限度額が変わってきます。専業主婦（夫）等を対象とする第3号被保険者の月額は23,000円（年額27万6,000円）です。

とくに会社員の場合、**条件によって掛金の限度額が異なる**ので、勤務先に企業年金制度の有無などを問い合わせ、確認しておくとよいでしょう。

加入できない場合は？

iDeCoはほとんどの人が加入できる制度ですが、対象外になる場合もあります。

まず、iDeCoは20歳以上60歳未満を対象としているので、**60歳以上の人は加入できません。**

また、**国民年金の保険料納付の免除（一部免除を含む）を受けている人**（障害基礎年金を受給している人等は除く）も加入できません。**学生納付特例等で保険料の納付が猶予されている場合も同様に加入できません。**

さらに、海外に住んでいる人はiDeCoの加入資格がありません。

ほかにも、**勤務先企業で企業型確定拠出年金に加入している人**（企業型確定拠出年金規約で個人型同時加入を認めている場合は除く）など加入できない場合がいくつかあります。

iDeCo の拠出限度額

（第1号被保険者）自営業者等		月額6.8万円（年額81.6万円）（国民年金基金または国民年金付加保険料との合算枠）
（第2号被保険者）会社員・公務員等	会社に企業年金がない会社員	月額2.3万円（年額27.6万円）
	企業型DC※に加入している会社員	月額2.0万円（年額24.0万円）
	DB※と企業型DCに加入している会社員	月額1.2万円（年額14.4万円）
	DBのみに加入している会社員	月額1.2万円（年額14.4万円）
	公務員等	月額1.2万円（年額14.4万円）
（第3号被保険者）専業主婦(夫)		月額2.3万円（年額27.6万円）

※ DC：確定拠出年金
DB：確定給付企業年金、厚生年金基金

このように iDeCoでは
加入者の働き方によって
拠出限度額が異なります

iDeCo に加入できない場合

・60 歳以上
・国民年金保険料の納付が免除されている人
・海外に居住している人
・企業型確定拠出年金に加入している人（企業型確定拠出年金規約で個人型同時加入を認めている場合は除く）
・農業者年金の被保険者

私は該当しないから
iDeCo に加入できる！

用語 **付加保険料**　国民年金の第 1 号被保険者が、定額保険料に上乗せして納める保険料。付加保険料を納付することによって、上乗せ分の付加年金を受け取ることができる。

05

３つのタイミングで税制優遇が受けられる iDeCoの3つの節税メリット

掛金の全額が所得控除の対象

ｉＤｅＣｏでは、**①積立時、②運用時、③受取時の３つのタイミングでそれぞれ税制の優遇を受けることができ**、積み立てを続ける限り、その恩恵を受けることができます。

①積立時は、掛金の全額が所得控除の対象となります。年間の所得金額から掛金を差し引いた金額が課税対象となるため、その分の所得税と住民税の負担を軽減できます。

たとえば、毎月の掛金が１万円の場合、その全額が所得控除の対象となるので、１万円×12カ月＝12万円を所得から差し引きます。仮に、所得税を10％、住民税を10％とすると、12万円×（10％＋10％）＝２万４，０００円の税金が軽減されます。

なお、所得税は所得が高いほど税率も高くなるので、所得の高い人ほど節税効果も大きくなります。

運用時と受取時

②運用時は、運用益が全額非課税になります。通常、金融商品の運用で利益が生じた場合は、その利益に対して20・315％の税率で課税されますが、ｉＤｅＣｏでは、運用益に対して一切課税されないので、利益が出た分はすべて自分の利益となります。さらに運用中に得た利益を非課税で再投資に回すことで、複利効果（↓Ｐ25参照）が生まれ、資産をどんどん増やしていくことも可能です。

③受取時は課税されますが、税制が優遇され、一定額までは非課税となります。受取方法には、年金と一時金（金融機関によっては年金と一時金の併用）があります（↓Ｐ１２２参照）が、年金として受け取る場合は公的年金等控除、一時金の場合は退職所得控除の対象となり、どちらも一定額までは非課税で年金・一時金が受け取れます。たとえば、25年間積み立てて60歳時に一時金で受け取った場合、１，１５０万円までは税金がかかりません。

節税3つのタイミング

積立時

掛金が「全額所得控除」

所得税・住民税 → 税負担が軽減! / 所得税・住民税

毎月1万円を積み立てた場合

所得が300万円の場合
(所得税10%・住民税10%と仮定) → 24,000円の軽減メリット

所得が800万円の場合
(所得税23%・住民税10%と仮定) → 39,600円の軽減メリット

節税効果が大きい

iDeCoの掛金は、
全額が小規模企業共済等掛金控除として
所得控除の対象となります。
控除を受けるためには、
年末調整や確定申告で手続きする
必要があります

運用時

分配金などの運用利益が「非課税」

金融商品を運用すると、通常は運用益に対して20.315%の税率で税金がかかることになりますが、iDeCoの場合は運用益はすべて非課税になります

受取時

受取方法にかかわらず一定額まで「非課税」

60歳以降、積み立てた資金を受け取るときは、年金か一時金で受け取れます。年金の場合は公的年金等控除、一時金の場合は退職所得控除が適用されます

はみ出しメモ 運用で1万円の利益が出た場合、約2,000円の税金がかかるが、iDeCoはまったく税金がかからない。仮に100万円の利益が出た場合には、その差は20万円以上にもなる。

06

長期運用に適しているのがiDeCo
長く続けるほどメリットは大きくなる！

積立期間が長いほど節税に

iDeCoの掛金は、その全額が所得控除の対象となります。たとえば会社員Aさん（30歳・課税所得300万円）が、iDeCoに毎月2万円の掛金を拠出しているとします。Aさんの年間の掛金は2万円×12カ月＝24万円です。そして、Aさんの所得税・住民税の税率はともに10％と仮定します。

すると年間の節税額は、24万円×（10％＋10％）＝4万8，000円と計算できます。このまま60歳まで運用を続け、課税所得等が変わらないとすると、節税額は4万8，000円×30年＝144万円です。

年金を積み立てながら、30年間で150万円近くの節税のメリットを受けられるわけです。この節税額は積立期間が長いほど増えていくので、長く続けるほどメリットは大きくなるといえるでしょう。

長期運用に適した制度

iDeCoの場合は金融商品の運用益はすべて非課税になります。その効果についても考えていきましょう。

たとえば、投資信託の分配金には20・315％の税金がかかります。そのため、運用率が2％であったとしても、実際の運用率は税引き後で約1・6％に低下します。しかし、iDeCoは非課税で運用できるので、2％で運用することができます。

この差は、**短期間であればそれほど大きくはありませんが、運用期間が長くなればなるほど広がっていきます**。仮に、毎月2万円を年2％の運用率で30年間積み立てた場合には約985・5万円。毎月2万円を年1・6％の運用率で30年間積み立てた場合には約923・3万円。30年間という長期にわたる運用によって大きな差が出てくるわけです。このように**iDeCoは長期運用に適した制度**であり、長期間の運用によってメリットが大きくなります。

毎月2万円を積み立てた場合の節税効果

Aさん 30代 会社員
課税所得:300万円
毎月の掛金:2万円

→

1年間の節税効果:4.8万円
30年間の節税効果:144万円

※所得税・住民税の税率をともに10%とした場合

毎月2万円を運用率2%で30年間積み立てた場合

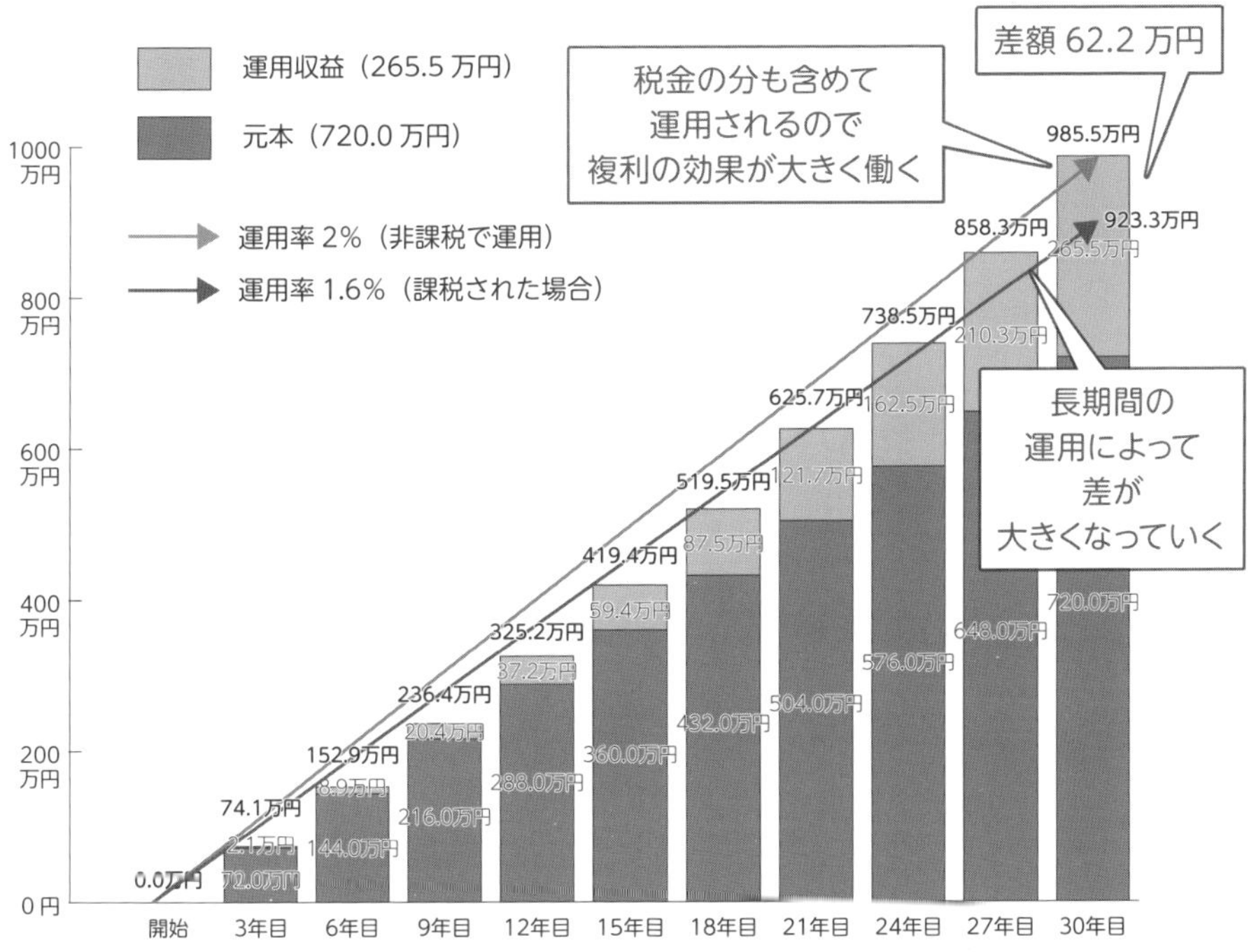

※金融庁の資産運用シミュレーションを使用。本シミュレーション結果は概算値です。手数料等は考慮しておらず、実際値とは異なる場合があります。本シミュレーションは将来の運用成果を予測し、保証するものではありません

はみ出しメモ iDeCoの掛金は、小規模企業共済等掛金控除として、所得控除の対象となる。控除を受けるためには、会社員の場合は年末調整の手続きが必要。

07

iDeCoのデメリットと注意点は？

60歳になるまで引き出すことができないことに注意

掛金は60歳まで引き出せない

iDeCoのデメリット・注意点について触れておきます。

たとえば、NISAであれば、売りたいときにいつでも売って現金化できますし、通常の投資信託や定期預金であっても同じです。

しかし、**iDeCoの制度を使って積み立てたお金は、60歳になるまで引き出すことはできません。**老後の資産形成を目的とした年金制度だからこそ、税制の優遇があるのです。

iDeCoで積み立てたお金は、将来お金に困った場合でも引き出すことができない、という点をしっかりと理解しておきましょう。

ただし、この点は捉え方によっては、デメリットではなくメリットになることもあります。いつでもお金を引き出すことができると、ついつい使ってしまう……というタイプの人は、老後の資金を貯めようとしても、おそらく計画的に貯めることができないでしょう。**60歳まで引出しができないiDeCoを使うことで、半ば強制的に老後資金をつくっていくことができます。**

元本割れのリスクと手数料とは

iDeCoでは資産の運用は加入者自身の責任で行われ、受け取る額は運用成績により変動します。運用商品の中には、元本が確保されないものもあるので、運用成果がよくなければ、当然元本割れとなるおそれもあります。

どうしても元本割れを避けたいというのであれば、投資信託での運用ではなく、定期預金など元本確保型商品での運用を考えたほうがよいでしょう。

さらには、iDeCoは各種の手数料がかかります。手数料は金融機関ごとに大きく異なります。金融機関を選ぶ際には、この点を十分に考慮しましょう（→手数料・金融機関選びはP112を参照）。

iDeCoのデメリット・注意点

確定拠出年金は、自分で運用を行うものであり、運用するためには一定の知識が必要となります。また、その運用のリスクを各加入者が負うことになります。運用の成果によって将来受け取る年金額が変動するので、老後に受け取る年金額が事前に確定しないというデメリットがあります。

60歳まで引き出せない

老後の資産形成を目的とした年金制度だから60歳になるまで引き出せない。また、途中で解約することも原則として認められていない（→P96参照）。

元本割れのリスクがある

資産の運用は加入者自身の責任で行われる。運用成果がよくなければ、元本割れとなるリスクもある。

手数料がかかる

iDeCoは各種の手数料がかかる（→P112参照）。確定拠出年金は、加入者ごとに記録の管理が必要になるため、管理コストが高くなりやすい。

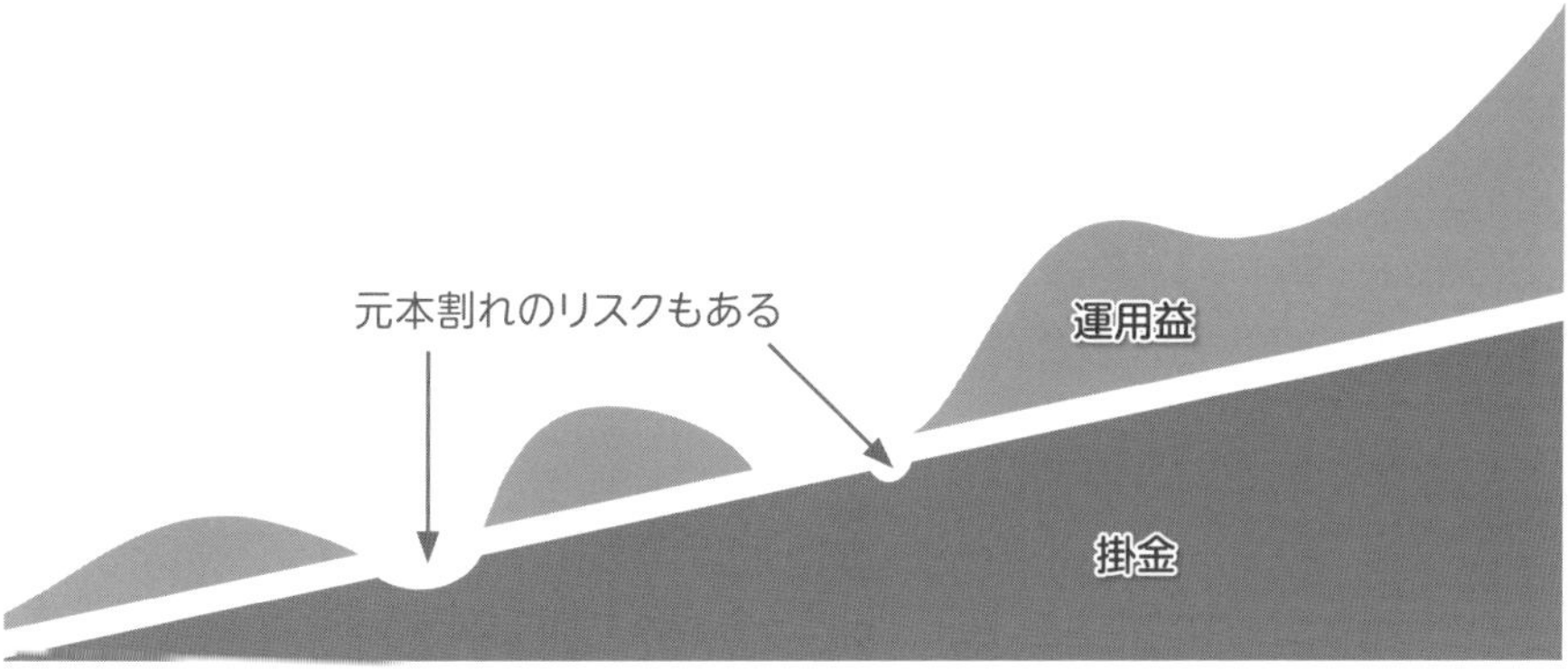
元本割れのリスクもある
運用益
掛金

注意点をしっかり理解したうえで、iDeCoを始めるようにしましょう
iDeCoにはいくつかの注意点もあるんですね

はみ出しメモ 資産を増やそうと考えると、iDeCoで運用の中心となってくるのは投資信託。預貯金よりも運用益を期待できる反面、逆に資産が減ってしまうおそれもある。

商品ラインアップを比較・検討しよう！

金融機関はどのように選ぶ？①

金融機関の選択はとても重要！

iDeCoを開始するには、**運営管理機関となる金融機関**を選ばなくてはなりません。iDeCoの加入者はこの金融機関を通し、加入の申し込みや運用などを行います。専用口座を開設したり、運用に役立つ情報を提供したり、運用商品を選定したりするなど、iDeCoの運用がスムーズに行えるよう支えてくれるのが、金融機関です。

運営管理機関は銀行や証券会社、信用金庫、保険会社など数多くあり、その中から加入者が1社を選びます。この1社と長い期間つき合っていくわけですから、金融機関の選択はとても重要です。金融機関の変更は可能ですが、手間や時間がかかるため、はじめから慎重に選ぶべきです。

商品ラインナップを確認して

まず金融機関が扱っている**商品ラインナップの中に自分の運用したい商品があるかどうか**を確認する必要があります。

金融機関がiDeCo用にラインナップするのは定期預金や保険の元本確保型の商品と投資信託の元本変動型の商品（→P114参照）です。どのような商品を取り扱うのか、手数料はいくらに設定するのかなどは、各金融機関が独自に決定するので、商品の品ぞろえは大きく異なります。数十本の商品を取り扱っている金融機関もあれば、数本に限定しているところもあります。

運用したい商品タイプがあるか

定期預金や保険などの元本確保型の商品であれば金利の高いもの、元本変動型であれば運用コストが低いものを取りそろえているかどうかを確認しましょう。そして、投資信託で運用するのであれば、自分の運用したい商品タイプがあるかが金融機関選びの条件になります。

商品ラインナップで選ぶ

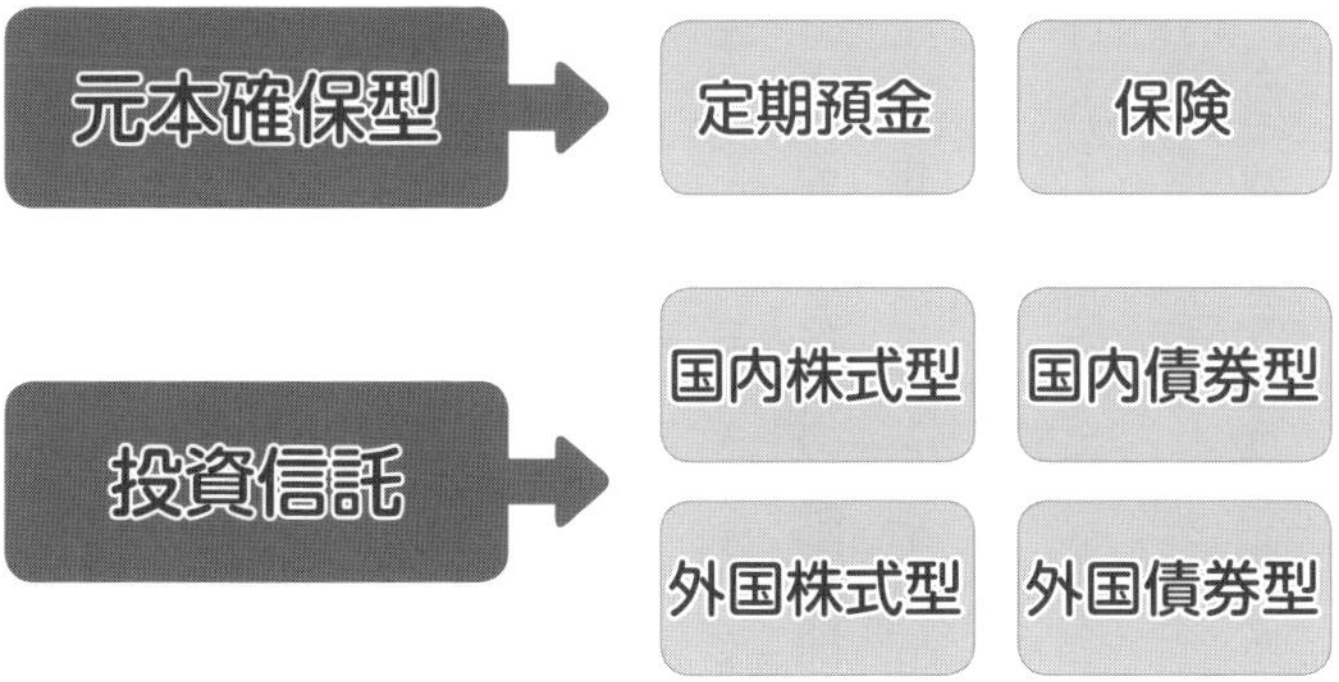
元本確保型
定期預金
保険
投資信託
国内株式型
国内債券型
外国株式型
外国債券型

金融機関選びは
とても重要です

iDeCoでは、とくに投資信託の品ぞろえに注目しましょう。具体的には、（1）国内株式、（2）外国株式（先進国、新興国）、（3）国内債券、（4）外国債券の各資産クラス（投資対象→P58参照）の商品がそろっているかどうか。また、各資産クラスにはコストの低いインデックス型ファンド（→P56参照）が入っているかもチェックしましょう。

商品選びと組み合わせ

iDeCoでは運用商品を加入者自身が選び、掛金のうち、どのくらいの割合を選んだ商品に振り分けるのかを決める必要があります（→P118参照)。運用する商品は1つ、あるいは2～3つの商品を組み合わせて、またはそれ以上の商品を組み合わせて運用することもできます。また、定年退職に近づくと一般的にリスク許容度が低下することから、投資信託から、一部を定期預金などの元本確保型商品に乗り換える必要が出てくるケースもあります。まずは大枠で、元本確保型商品と投資信託はどのくらい扱われているかを確認しましょう。

つまり、自分が
運用したいタイプの
商品があるかどうかで、
金融機関を選ぶわけですね
iDeCoでどの資産クラス・投資対象、
つまり海外株式を運用したいのか、
国内株式を運用したいのかなどによっても、
金融機関選びで重視するポイントは
違ってきます

はみ出しメモ 加入者が選択した商品を提供する機関が破たんした場合には、預金保険機構（預金）、生命保険契約者保護機構（保険商品）などから一定額までの保護がなされることとなっている。

09
手数料は金融機関選びの重要ポイント
金融機関はどのように選ぶ？②

手数料が低い金融機関を選ぶ

iDeCoは長期間の運用が前提。毎月の手数料も積み重ねていくと大きな金額となっていきます。そのため、**より安い手数料の金融機関を選ぶ**ことが重要なポイントです。

iDeCoの場合、加入する金融機関だけでなく、国民年金基金連合会や事務委託先金融機関（信託銀行など）にも手数料を支払う必要があります。これらの機関に支払う手数料は一律です。加入時には2,829円、運用期間中は1回の拠出ごと（月額）に105円と月額66円、給付時は440円と決まっています。つまり、必ず手数料がかかり、完全無料ということはあり得ません。

差がつくのは運営管理機関に支払う手数料で、主に運用期間中の口座管理手数料です。毎月0～数百円と金融機関によって差があります。数百円程度のわずかな差に感じるかもしれませんが、長い間負担することになるため、その差が受け取る年金額に与える影響は大きくなります。そのため、口座管理手数料が低い金融機関を選ぶべきでしょう。

なお、手数料を支払うといっても、毎月の掛金（積立金）から差し引かれるため、掛金のほかに別途払う必要はありません。

使い勝手がよいかも確認

iDeCoでは、インターネットやコールセンター、金融機関の窓口などを通して、口座開設などを行います。インターネットを利用する人は、**Webサイトが見やすく、ストレスなく手続きが行えることや、必要な情報の充実度や入手しやすさ**なども確認しておきましょう。

インターネットだけでなく、電話で問い合わせをしたい場合にはコールセンターで対応しているか、窓口で加入手続きをしたい人は店舗で口座開設の受付をしているかなども確認しておくとよいでしょう。

iDeCo の手数料

	いつかかる	どこに払う	いくら
加入時手数料	加入時(1 回だけ)	国民年金基金連合会	2,829 円
		運営管理機関	一部の運営管理機関では手数料をとるところもある
掛金の拠出	掛金拠出時(毎月)	国民年金基金連合会	月額 105 円
		事務委託先金融機関	月額 66 円
		運営管理機関	運営管理機関により異なる
給付事務手数料	受取時	事務委託先金融機関	1 回につき 440 円

ここが各社大きく違う

手数料で選ぶ

口座管理手数料の低い金融機関を選ぶようにする

使い勝手・サービスで選ぶ

自分にとって使い勝手のよい金融機関を選ぶようにする

運用管理費をチェック

長い間負担するという意味では、投資信託を保有しているときにかかる運用管理費用(信託報酬)にも注意しましょう。投資信託では、保有している間、運用管理費用が差し引かれます。口座管理料と同じく、受け取る年金額に与える影響が大きいことから、運用管理費用が低い投資信託がそろっているのかも金融機関選びの際には確認しておきましょう。

iDeCo は
いろんな手数料が
かかるのか!
手数料も
金融機関選びの
大事なポイントだな

はみ出しメモ　運営管理機関(金融機関)は数多くある。よく比較・検討することが大切。

10

運用商品は定期預金・保険・投資信託の3種類

iDeCoで選べる運用商品は？

元本確保型の商品選び

iDeCoは、**元本確保型か元本変動型かを選ぶことができます。**

元本確保型は文字どおり、元本が確保されているタイプの商品です。満期時に元本と利息が確保されているため、とても安全性が高いことが特長です。ただし、元本割れのリスクが少ない代わりに、現在のような低金利時代では利息はほとんど期待できません。

元本確保型の具体的な商品には定期預金と保険があります。定期預金については42ページで触れましたが、約束の期日（満期）までお金を預けておく約束で、預け入れ時に決められた金利を受け取るしくみになっています。1年定期、5年定期など金融機関によって取り扱う期間などが異なります。保険商品は積み立てたお金に一定の割合で利息がつき、満期に元利合計額が戻ってくるしくみです。積立型の保険が設定され、金融機関によってさまざまな商品が取り扱われています。

元本変動型は投資信託

元本変動型は、運用状況によって元本が変動するタイプの商品です。元本割れのリスクはありますが、運用次第で資産を大きく増やせる可能性もあります。

iDeCoで運用できる**元本変動型の商品は投資信託のみです。**投資信託については第2章でくわしく見ましたが、投資先の資産によってリスク・リターンは大きく異なります。ですから、**投資信託商品の選択は慎重に**行う必要があります。

リスクを抑えて安定的に資産形成するには、長期の積み立て（長期運用→P36参照）と複数の投資信託への分散投資（→P34参照）が有効です。iDeCoでは、たとえ毎月の掛金が5,000円でも、自分の決めた比率で複数の投資信託に分散投資することができます（→P118参照）。

2つのタイプから選ぶ

iDeCoの運用商品：元本確保型

元本割れのリスクが少ない反面、利息はほとんど期待できない

定期預金は、
もし金融機関が
破たんした場合も、
預金保険制度により
元本1,000万円までと
その利息が保護されます

iDeCoの運用商品：元本変動型

元本割れのリスクがあるが、資産を増やせる可能性がある

iDeCoで運用できる
元本変動型の商品は投資信託のみ。
株式や債券などの金融商品には
直接投資できませんが、
投資信託で運用することによって
間接的に投資することができます

スイッチングは可能

iDeCoは原則として60歳まで引き出すことが認められていません。しかし、ほかの金融商品へ変更（スイッチング：今の商品を解約・売却して他の商品を買い付ける）が可能です(→P120参照)。ただし、定期預金の満期前のスイッチングは、預け入れ時の金利よりも下回る「中途解約金利率」が適用されてしまいます。また、保険商品も満期前のスイッチングは、解約控除というペナルティが発生する場合があります。その場合は、元本割れしてしまうケースもある点に注意しましょう。

はみ出しメモ 元本確保型の商品では増やすことはほとんどできない。元本確保型の商品を選ぶメリットとして最も重要なのは節税効果といえる。

11

選ぶのは──元本確保型 or 投資信託？

迷わない運用商品の選び方

元本確保型で運用する方法も

運用商品を考えるときに「損をしたくない、お金が減るのは絶対にイヤ！」という人もいるはずです。そういった人は、無理に元本変動型の投資信託で運用する必要はありません。**元本確保型の商品だけで運用するのも1つの方法**です。

iDeCoで積み立てた掛金は全額が所得控除の対象となり、所得税・住民税が軽減されます（↓P106参照）。このような節税効果を考えると、定期預金でかまわないので、まずはiDeCoを始めてみることが大事といえるでしょう。

投資信託を組み入れて運用も

ただし、せっかくiDeCoを利用するのであれば、**運用益が非課税というメリットを活かしたい**ところです。増やせる可能性のある投資信託を組み入れて運用することも検討してみましょう。とくに、将来受け取る額を増やしたいと考えているのであれば投資信託がオススメです。

ひと口に投資信託といっても、数多くの種類があります（↓P56参照）。投資初心者の場合、何にどう投資したらよいかわからないという人もいるでしょう。そういった人はあらかじめ国内外の株式や債券に分散投資されているタイプのバランス型（次ページ参照）であれば、1本選ぶだけで手軽に分散投資が可能です。

また、投資信託で運用する場合、運用期間中に運用管理費用（信託報酬）というコスト（↓P54参照）がかかります。仮に投資信託の運用収益が年1・5％であったとしても、運用管理費用が年1％であれば、実際の収益は0・5％にしかなりません。これが長期になると運用管理費用が積み重なり、思うように資産を増やすことができなくなります。ですから、運用管理費用に注目し、比較・検討することも運用商品選びのポイントです。

運用商品選びのポイント

将来受け取る額を
増やしたい

資産を
減らしたくない

投資信託
運用益が非課税というメリットを活用する

元本確保型の商品
あまり増えないが節税効果はある

投資信託選び

高いリターンを目指したい

一時的に元本が目減りしても、最終的に高いリターンを期待したいというのであれば、国内外の株式型の投資信託の割合を多く組み入れることを検討。

コツコツ運用したい

なるべく値動きのブレは小さく、コツコツ運用し、むしろ節税メリットを重視するのであれば、債券型の投資信託の割合を高めることも検討。

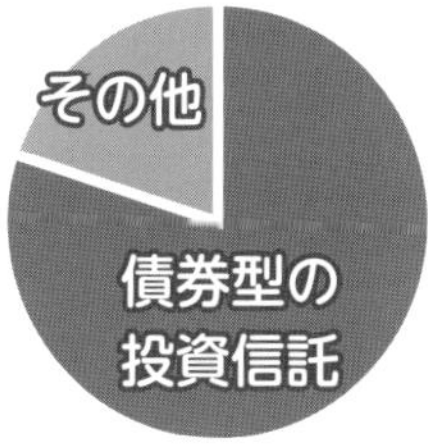

何に投資したらよいかわからない

手軽に分散投資が可能なバランス型の投資信託を検討。

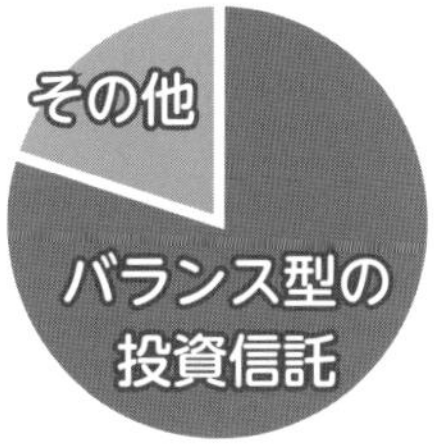

投資信託の場合、コストにも注目しましょう。
インデックス型の投資信託は運用管理費用が低めです

用語 **バランス型投資信託**　あらかじめ複数の異なる投資対象（株式や債券等）を組み合わせて、1つにパッケージした運用商品。

12

掛金の何%をどの商品に振り分けるか

掛金の配分割合を決めよう

自由に配分割合を決められる

iDeCoを始める際には、自分で決めた運用方針に沿って運用商品を選択し、掛金でどの運用商品をどれだけ購入するかの配分を決める必要があります。

加入者は自分の運用スタイルに合わせて、掛金額の範囲内で自由に配分割合を決めることができます。

配分割合とは、掛金の何%をどの商品に振り分けるかの割合のこと。たとえば、掛金の40%を商品A、30%を商品B、20%を商品C、10%を商品Dというように割合を指定します。毎月の掛金が1万円の場合であれば、商品Aを4,000円、商品Bを3,000円、商品Cを2,000円、商品Dを1,000円購入することになります。このようにiDeCoでは配分割合で買い付けていくことになっています。

買い付ける商品の配分割合は、**何度も変更ができます**。また、**年に1度は掛金額の変更が可能**です。ですから、運用実績に応じて柔軟に見直しもできるのです（↓見直しはP120参照）。

配分割合は運用方針に沿って

配分割合は自分の運用方針・運用スタイルに沿って決めます。たとえば、元本確保を重視するのであれば、元本確保型の定期預金を中心とした配分を行うとよいでしょう。できるだけリスクは取りたくないが少しはリターンを狙いたいという場合は、債券型の投資信託の割合を多めにし、株式型の投資信託の割合を少なくした配分が考えられます。リスクを取ってでも、大きくリターンを狙いたいという場合は、国内外の株式型の投資信託を中心にした配分を行うとよいでしょう。

運用方針に合わせて配分割合を検討しましょう

掛金の配分割合

掛金1万円を4つの商品で運用する場合

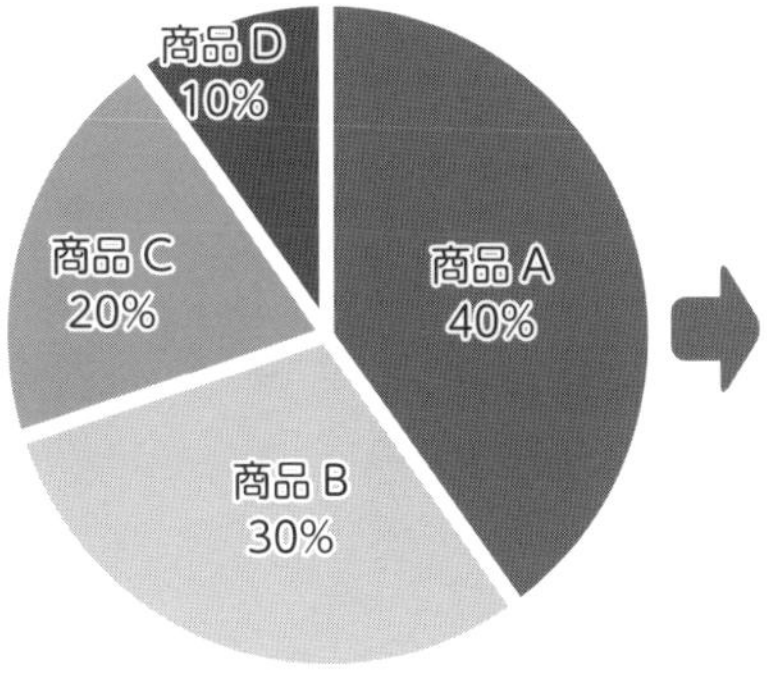
商品D
10%
商品C
20%
商品A
40%
商品B
30%

※手数料は考慮していない

掛金1万円を
商品A～商品Dに配分
・商品A　4,000円購入
・商品B　3,000円購入
・商品C　2,000円購入
・商品D　1,000円購入

仮に投資信託商品Bの基準価額が15,000円であったとします。掛金1万円のうち、30%を買い付けると指定した場合、15,000円のうち3,000円分、つまり0.2口分が買い付けられることになります。

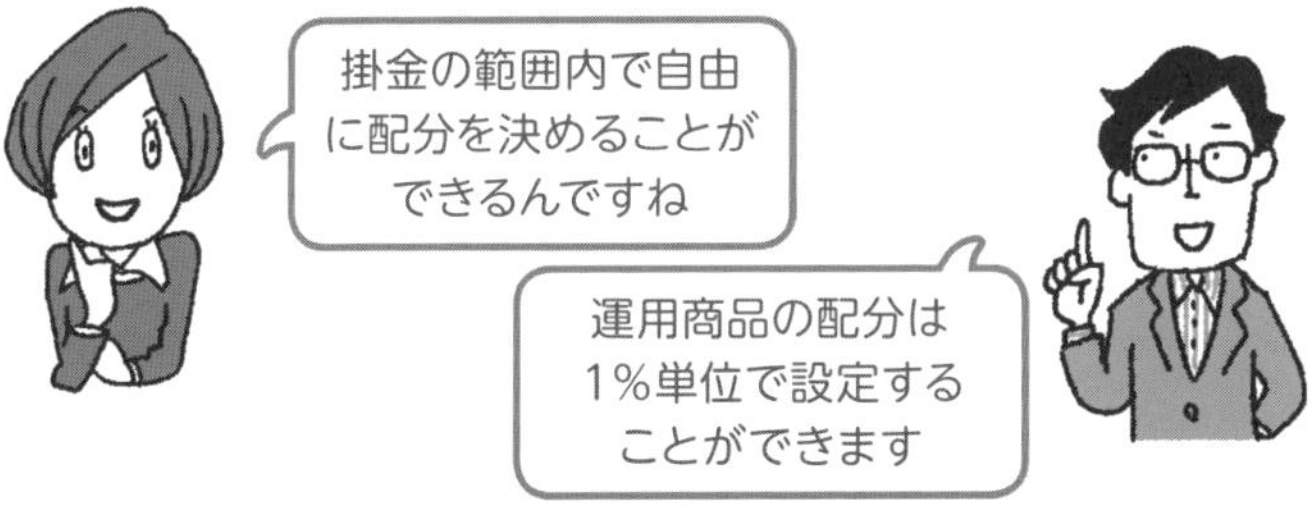
掛金の範囲内で自由に配分を決めることができるんですね
運用商品の配分は1%単位で設定することができます

運用方針・運用スタイルに沿って配分割合を決める

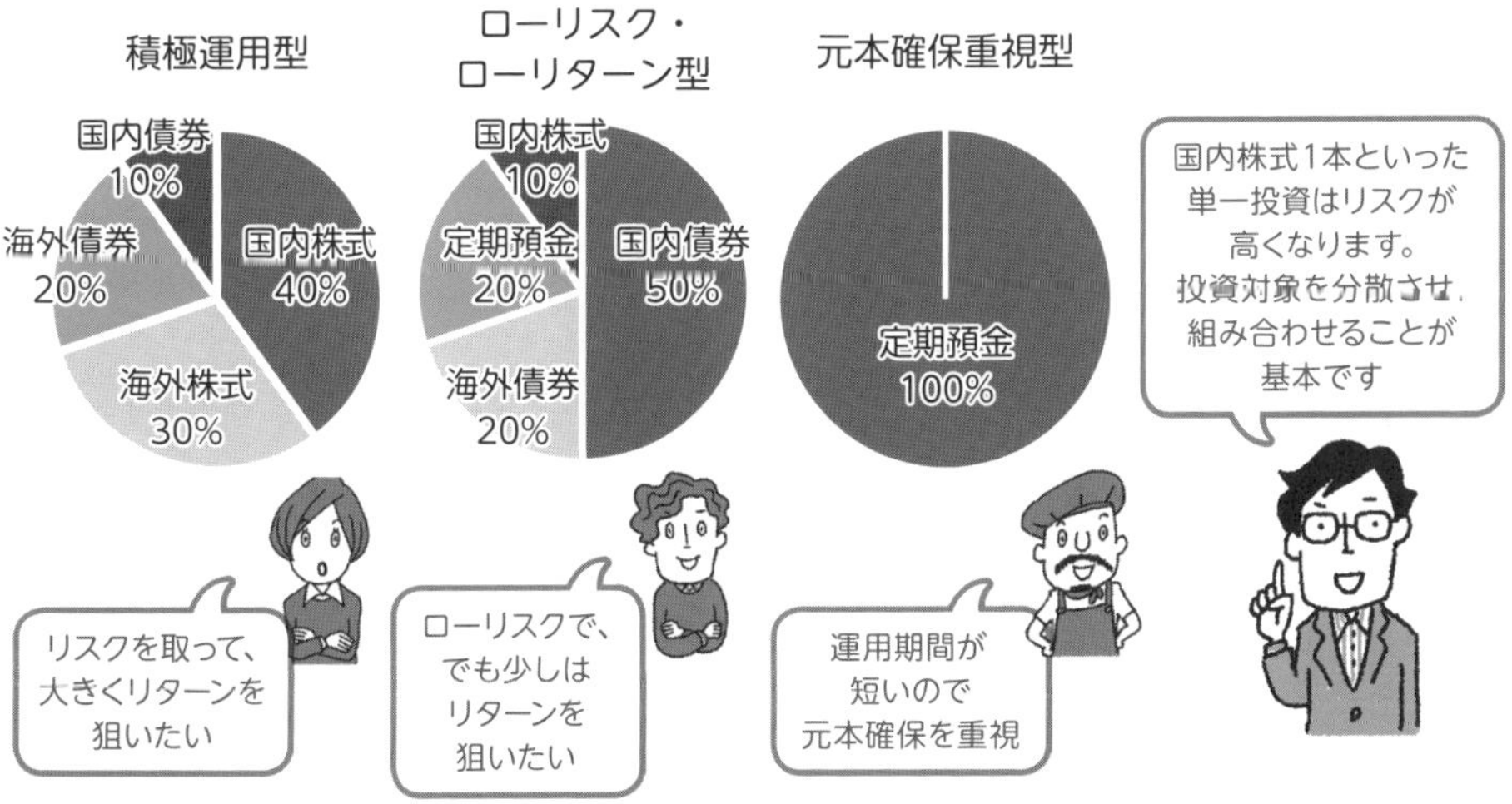
積極運用型
国内債券
10%
海外債券
20%
国内株式
40%
海外株式
30%
ローリスク・ローリターン型
国内株式
10%
定期預金
20%
国内債券
50%
海外債券
20%
元本確保重視型
定期預金
100%
国内株式1本といった単一投資はリスクが高くなります。投資対象を分散させ、組み合わせることが基本です
リスクを取って、大きくリターンを狙いたい
ローリスクで、でも少しはリターンを狙いたい
運用期間が短いので元本確保を重視

はみ出しメモ iDeCoでは、掛金で買い付ける商品は、1種類でも、複数選んでもよい。商品は「割合（%）」で指定する。

13

運用期間中に見直しが必要なのか？

見直し方法はスイッチングと配分変更で

iDeCoでは、年齢や環境の変化によって運用方針を見直す必要が出てくる場合があります。運用実績によって保有している資産のバランスが変化することもあるので、**定期的に運用の状況を確認し、運用方針に合わせた見直しを行いましょう。**

見直しには、**スイッチングと配分変更**という2つの方法があります。

商品を買い換えるスイッチング

スイッチングとは、これまでに積み立ててきた運用商品を売却・解約して、ほかの運用商品に買い換えること。たとえば、商品Bの一部を売却して新たに商品Dを購入するといった手続きです。

スイッチングは、60歳近くになり、これまで運用してきた投資信託を売却し、新たに元本確保型の商品を購入して、利益を確定させる場合などに使えます。

また、当初決めた運用商品の配分比率が時間とともに変わることがあります。それを元の資産配分に戻すリバランス（→次ページ参照）にもスイッチングが有効です。

ただし、投資信託の売却・購入にはそれぞれ日数がかかる点、投資信託によっては売却の際に手数料（信託財産留保額）がかかる点に注意しましょう。

お金の配分割合を変更する

配分変更は、積み立てていくお金の配分割合を変更することです。年齢や運用環境の変化によって、リスク・リターンの大きい運用から小さい運用に、あるいはその逆に変更したい場合などに実施します。

商品Aに40％、商品Bに30％、商品Cに30％ずつ配分していたのを、Aに60％、Bに20％、Cに20％ずつ配分するといった具合です。

配分変更を行っても、これまで積み立ててきた資産の割合は変更されません。保有資産の割合も変更したい場合は、スイッチングも行います。

スイッチングのイメージ

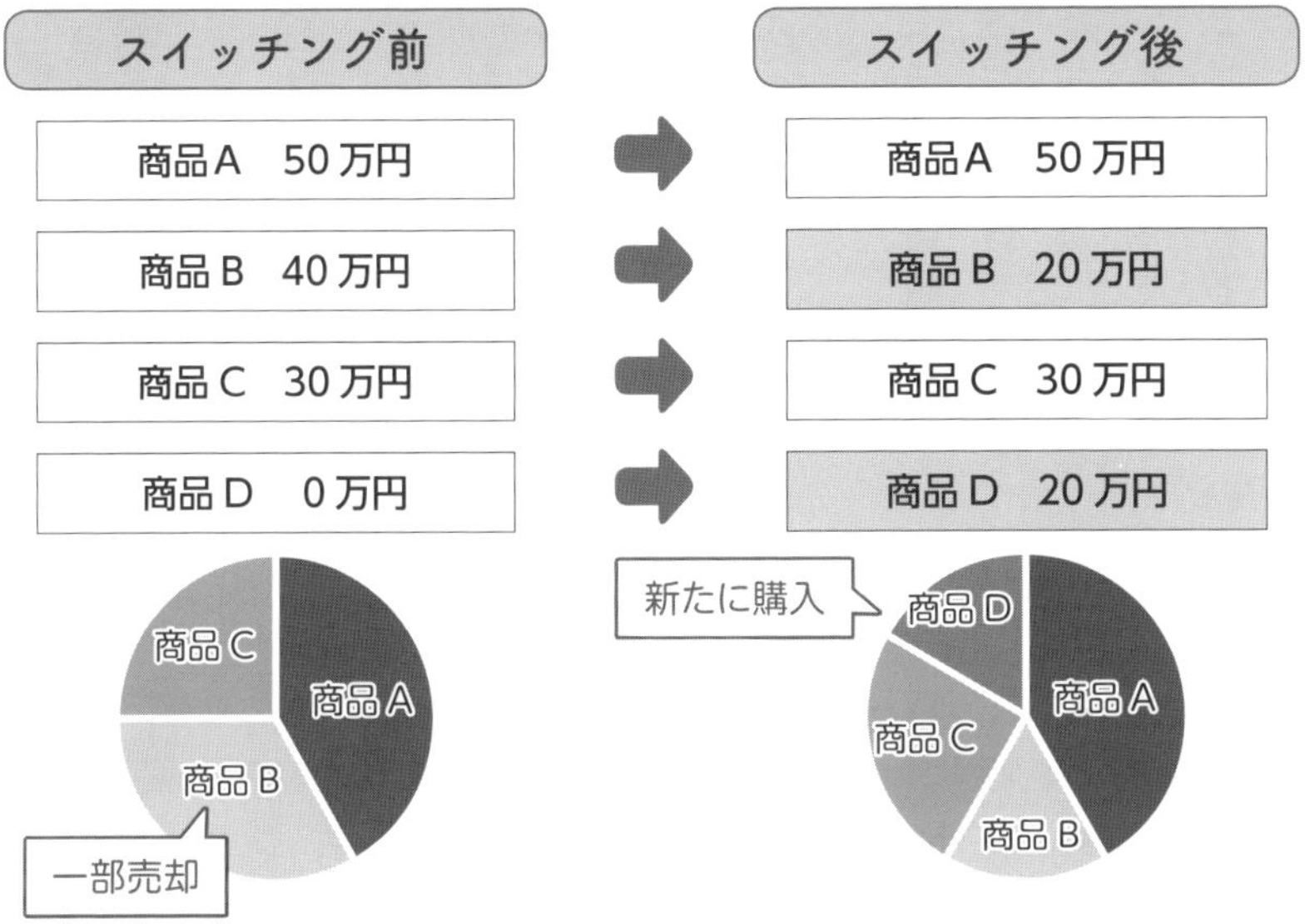

リバランスのイメージ

運用を続けていくと、掛金の配分と資産残高の配分が違ってきます。たとえば、株価が下がったために商品Dの資産全体に占める割合が減り、ほかの商品の割合が増えたとします。スイッチングをして資産配分割合を元に戻しておくと、その後株価が上昇した際には、より大きなリターンが期待できます。このような資産配分割合の調整を「リバランス」といいます。

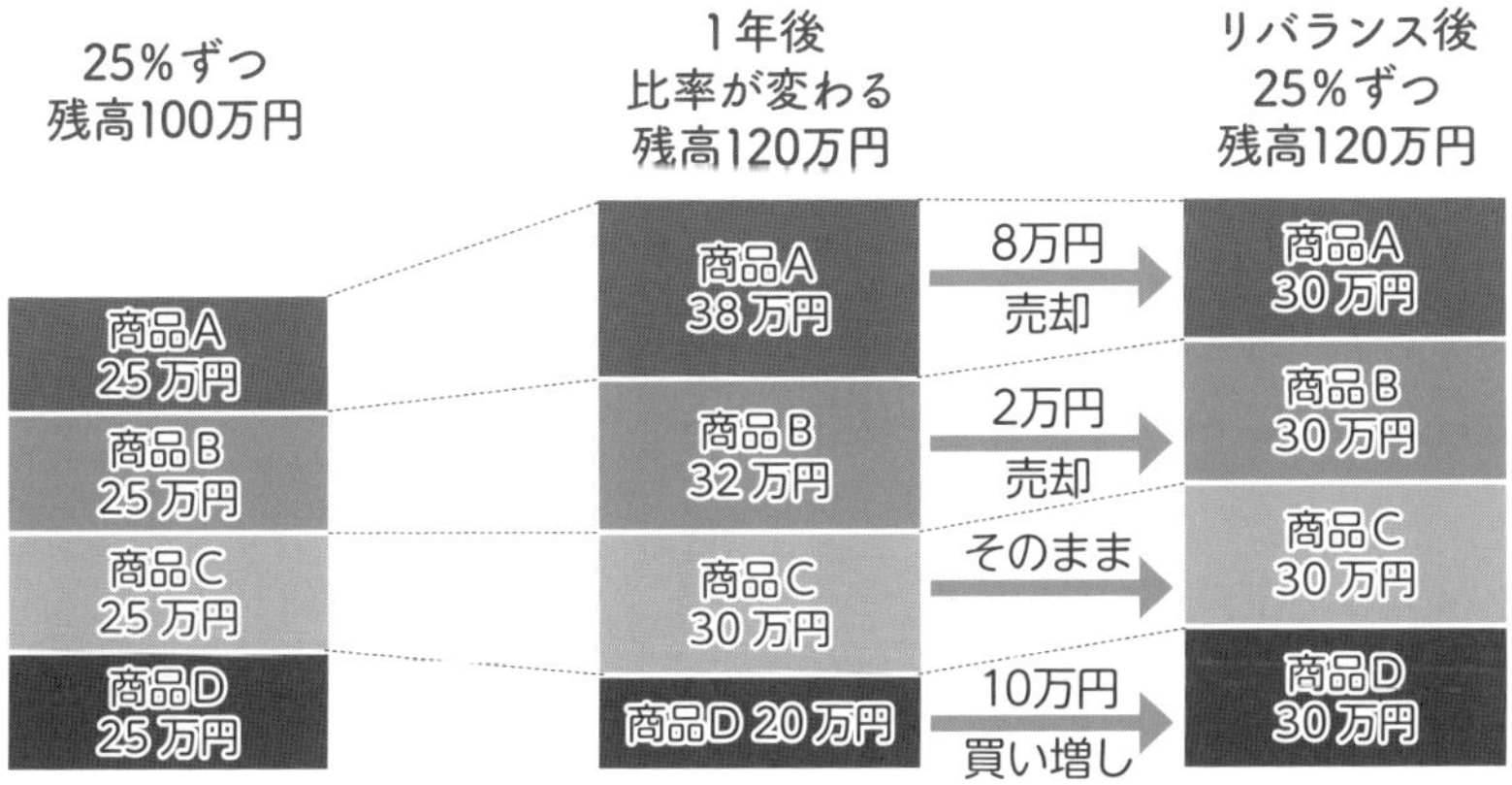

はみ出しメモ　年に1回など定期的にリバランスを行ったほうが、リスクを抑えリターンを安定させることにつながる。

14

受取方法には年金・一時金・併給がある

年金をどのように受け取るのか？

受け取りは60歳以降、方法は3種類

iDeCoでは、60歳から年金資産を受け取るには、**iDeCoに加入していた期間等（通算加入者等期間）が10年以上必要**です。通算加入者等期間が10年に満たない場合は、受給可能な年齢が繰り下げられます。

受取方法には3種類あります。

①一時金として一括で受け取る…受給権が発生する年齢（原則60歳）に到達したら、70歳までの間に一時金として一括で受け取る方法。一時金の所得区分は税法上「退職所得」扱いになります。老齢給付金から退職所得控除額を差し引いて残った金額に、2分の1を掛けた金額が退職所得になり、その部分に課税されます。

②年金として受け取る…年金で受け取る場合は有期年金（5年以上20年以下）として取り扱います。受給権が発生する年齢に到達したら、5年以上20年以下の期間で、運営管理機関が定める方法で支給され、税法上「雑所得」となります。ほかの公的年金等の収入の合計額に応じて公的年金等控除額を差し引けます。

③一時金と年金を組み合わせて受け取る（併給）…受給権が発生する年齢に到達した時点で一部の年金資産を一時金で受け取り、残りの年金資産を年金で受け取る方法（取り扱っていない運営管理機関もある）。退職所得控除と公的年金等控除の両方を受けることができます。

自分に適した受取方法を選択

どの受取方法が有利かはその人の状況によって異なります。たとえば、自営業や専業主婦のように退職金をもらうことができない人は、退職金の代わりに一時金として受け取るのも1つの方法です。また、60歳で退職した人は、公的年金支給のない65歳までは無収入なので、その期間に年金形式で受け取ることが考えられるでしょう。

通算加入者等期間に応じた受給可能な年齢

10年以上	60歳	8年以上10年未満	61歳
6年以上8年未満	62歳	4年以上6年未満	63歳
2年以上4年未満	64歳	1カ月以上2年未満	65歳

老齢給付金の受取方法の例

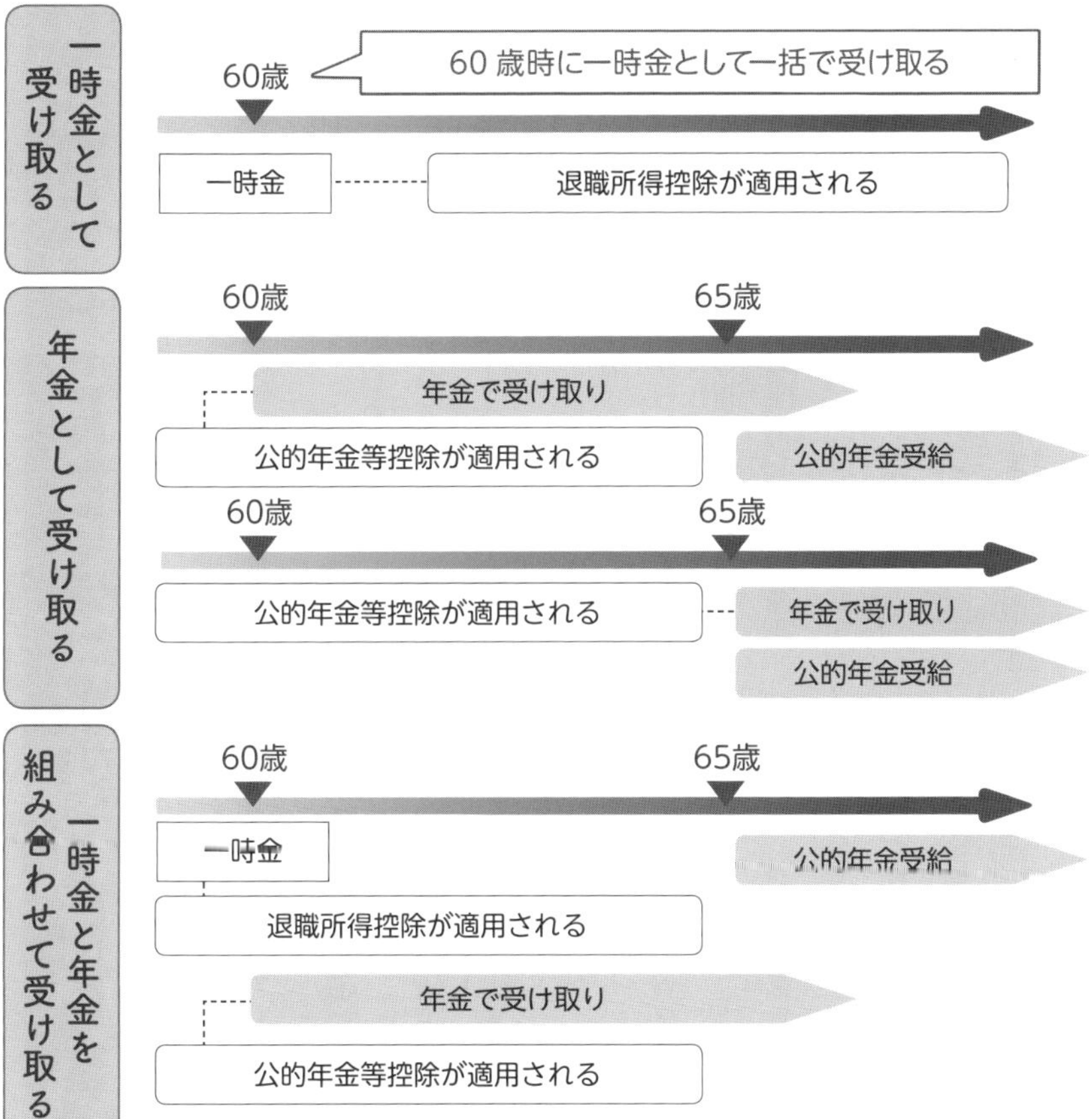

〈60歳になる前に受け取れる場合〉
①脱退一時金…国民年金保険料の全額免除等を受けるなどの一定の要件を満たす場合
②死亡一時金…加入者等が亡くなった場合
③障害給付金…加入者等が一定の障害の状態になった場合

はみ出しメモ　老後のライフプラン・受取時の税制等を考えて、自分に適した受取方法を選ぶことが大切です。

15

まずは申込書類を手に入れるところから始めよう

iDeCoを始めるにはどうすればいい？

手続き完了まで1〜2カ月ほど

iDeCoに加入する場合、iDeCoを取り扱う金融機関（運営管理機関）を通して加入の申し込みをします（金融機関選び→P110〜113参照）。

まずは金融機関から申込書類を取り寄せます。インターネットやコールセンターへ連絡して資料を請求します。

申込書類を手に入れたら、内容を確認し、間違いのないよう提出書類に必要事項を記入して、本人確認書類等とともに金融機関へ返送します。会社員や公務員の人は勤務先に事業主証明書を記入してもらう必要があるので、人事部や総務部などに依頼します。

その後、iDeCoの実施機関（国民年金基金連合会）での審査があり、手続き完了まで1〜2カ月ほどかかります。

手続き・審査が完了したら、国民年金基金連合会から個人型年金加入確認通知書という書類が届きます。これとは別に金融機関・記録関連運営管理機関からは、口座開設のお知らせ、「コールセンターパスワード」「インターネットパスワード」設定のお知らせなどが届きます。これで、インターネットやコールセンターで、運用商品の選択をしたり、年金の残高を確認したりできます。

必要な手続きを忘れずに！

なお、**企業型確定拠出年金に加入していた人が、60歳未満で転職・退職した場合には、一定の手続きが必要です。**（→次ページ参照）。企業型確定拠出年金の資格喪失後6カ月以内に移換手続きを取らなかった場合、個人別管理資産は自動的に国民年金基金連合会（特定運営管理機関）へ移換されます。

自動移換された場合、運用が停止した状態で所定の管理手数料を継続的に負担しなければならなくなり、資産が目減りしていきます。

iDeCo加入の手続き

① 申込書類を取り寄せる	金融機関を決め、インターネット等で申込書類を取り寄せる。
② 提出書類を返送する	提出書類に必要事項を記入し、本人確認書類等とともに返送する。
③ 国民年金基金連合会の審査	加入条件を丁寧にチェックする必要があるので審査完了まで1～2カ月かかる。
④ 通知書類が届く	審査が完了すると、個人型年金加入確認通知書や口座開設のお知らせなどが届く。
⑤ 運用スタート	掛金が引き落とされ、運用がスタートする。

申込書類が届くまでに数日かかります。その間に、基礎年金番号の確認や、本人確認書類の用意をしておくとよいでしょう

会社員や公務員の場合は、事業主証明書を記入してもらう必要があります

iDeCoの加入手続きには時間がかかります

転職した場合の手続き

- **転職先に企業型確定拠出年金がある場合**→転職先の企業型確定拠出年金への移換手続きが必要。
- **転職先に企業型確定拠出年金がない場合**→ iDeCoへの移換手続きが必要。iDeCoを取り扱う金融機関を1社選び必要書類を提出。移換手続きのみを行う人は、iDeCoでは「運用指図者」と呼ばれ、「企業型確定拠出年金」で運用していた個人別管理資産のみを引き続き運用していくことになる。「移換手続き」と同時に「加入申出」を行うことも可能で、この場合は「企業型確定拠出年金」で運用していた個人別管理資産を引き継いだうえで、「加入者」として掛金を拠出していくことになる。

はみ出しメモ　自動移換されている期間は通算加入者等期間に算入されないので、忘れずに手続きしよう。

個人型年金加入申出書の見本

自営業やフリーランスの人（第１号被保険者）と会社勤めの人（第２号被保険者）では、提出する書類や記入すべき箇所が違います。また、会社勤めの人は、勤め先に企業型がある場合は加入に対し、会社側の許可が必要になります。

国民年金基金連合会 御中　届書コード 01011　　事務処理センター用

個人型年金加入申出書　1枚目

●必ず記入要領をご覧のうえ、ご記入ください。●太枠内に必要事項をボールペンで、はっきり、分かり易くご記入ください。●選択項目の☑にはレ点をご記入ください。
●訂正は、訂正部分を二重線で抹消し、修正部分の周囲余白に訂正事項をご記入のうえ、訂正印を押印してください。

1.申出者　全ての加入申出者がご記入ください。　▼加入者自ら署名する場合、押印は不要です。

氏名　フリガナ ネンキン イチロウ　年金 一郎　印（年金）
基礎年金番号 1234−567890
生年月日 ☑昭和5 ☑平成7　4 9 1 0 0 6（年・月・日）　性別 ☑男1 ☑女2
住所　フリガナ トウキョウト マルマルク サンカクサンカク１−２３−４５６ シカクシカクビル
〒123−4567　市区町村コード
東京都〇〇区△△１−２３−４５６ □□ビル
連絡先電話番号 （12） 3456-7890

2.被保険者の種別　必ずいずれか1つにレ点をご記入のうえ、「3.掛金の納付方法」以降の該当項目をご記入ください。

☑ 第1号被保険者▶会社員以外の自営業者
☑ 第3号被保険者▶会社員、公務員に扶養されている配偶者
☑ 第2号被保険者▶共済組合員を除く会社員等
☑ 共済組合員▶国家公務員共済組合の長期組合員、地方公務員共済組合の長期組合員、私立学校教職員共済制度の長期加入者

【第2号被保険者】【共済組合員】の方はご記入ください。

3.掛金の納付方法
☑ 事業主払込1　☑ 個人払込2

4.掛金引落口座情報
「個人払込」の場合は加入申出者がご記入ください。第1号・第3号被保険者も同様です。
「事業主払込」の場合で、事業所内において事業主払込の加入者は今回が初めてである、又は、口座から直近12ヵ月以内に引落実績がない、もしくは不明であるときは、事業主でご記入ください。

口座名義人（個人払込の場合、本人名義に限定・屋号付きは不可）　フリガナ ネンキン イチロウ　年金 一郎
金融機関届出印　2枚目に金融機関届出印を押印してください

☑ ゆうちょ銀行以外の金融機関1 ⟷ どちらかを選択してください ⟷ ☑ ゆうちょ銀行2

金融機関名　〇〇　☑銀行 ☑労金 ☑信連 ☑農協 ☑信金 ☑信組　金融機関コード
種目コード 166　契約種別コード 30
支店名　☑本店 ☑支店（支所） ☑出張所　支店コード
通帳記号　通帳番号（右詰め）
預金種別 ☑普通1 ☑当座2　口座番号（右詰め） 1234567

5.掛金額区分
☑ 掛金を下記の毎月定額で納付します。0 ⟷ どちらかを選択してください ⟷ ☑ 納付月と金額を指定して納付します。1
毎月の掛金額　20千000円
被保険者の種別、企業年金制度等の加入状況により限度額が異なります。
別紙の「加入者月別掛金額登録・変更届」を添付してください。

6.企業型確定拠出年金の加入履歴
☑ 現在加入している　☑ 加入していた　☑ 加入していない　☑ わからない

【第2号被保険者】【共済組合員】の方は勤め先が別紙の「事業主の証明書」に記入後、申出者が「事業主の証明書」から右欄に転記ください。
※1:共済組合員の場合、登録事業所番号を必ず記入してください。

7.現在のお勤め先（事業所の情報）
登録事業所番号※1 12345678
企業年金制度等の加入状況 10
登録事業所名称　フリガナ マルマル（カ　〇〇株式会社

【第1号被保険者】の方はご記入ください。
※2:この額も含めて68,000円が限度額となります。

8.【第1号被保険者】の方はご記入ください。
☑ 国民年金の付加保険料（納付月額400円※2）を納付している。
☑ 国民年金基金に加入している。 右欄を記入▶ 国民年金基金加入員番号　掛金月額※2 千 円
☑ 障害基礎年金等を受給している。01 右欄を記入▶ 障害基礎年金等の年金証書の記号番号　証明書が必要です。
☑ 国民年金法第89条第3号に該当する。02（厚生労働省令で定められた施設に入所されている方が該当者となります。） 証明書が必要です。

受付金融機関および事務処理センター使用欄

受付金融機関	1	2	3	4	5	6	7	8	9	0	㈱〇〇銀行
運用関連運営管理機関				1	2	3	4	5	6	7	㈱〇〇銀行
記録関連運営管理機関				7	6	5	4	3	2	1	△△キーピング㈱

各種届書・添付書類	受付金融機関確認	事務処理センター
預金口座振替依頼書 K-001	☑あり ☑なし	
加入者月別掛金額登録・変更届 K-030	☑あり ☑なし	
加入者等運営管理機関変更届 K-004	☑あり ☑なし	
個人別管理資産移換依頼書 K-003	☑あり ☑なし	
事業所登録申請書 兼 第2号加入者に係る事業主の証明書 K-101A	☑あり ☑なし	
第2号加入者に係る事業主の証明書（共済組合員用） K-101B	☑あり ☑なし	
年金証書のコピー	☑あり ☑なし	
入所施設の長の証明書	☑あり ☑なし	

受付金融機関	事務処理センター
令和9 年 月 日	

様式第 K-001号(2019.05)

個人別管理資産移換依頼書の見本

退職者や転職者で、以前勤めていた会社で企業型確定拠出年金に加入していた場合は、資産を新しいiDeCoの口座へ移換する必要があります。そのときに提出する書類を「個人別管理資産移換依頼書」といいます。

国民年金基金連合会 御中　届書コード 02021　　事務処理センター用 提

個人別管理資産移換依頼書

●必ず記入要領をご覧のうえ、ご記入ください。
●この移換依頼書は「企業型確定拠出年金（自動移換を含む）」を移換するための書類です。「厚生年金基金・確定給付企業年金」を移換するためのものではありません。
●訂正は、訂正部分を二重線で抹消し、修正部分の周囲余白に訂正事項をご記入のうえ、訂正印を押印してください。
●「移換元の情報」については、企業型確定拠出年金で受領した書類や以前の勤務先で確認してください。自動移換者である場合は、専用コールセンター（TEL03-5958-3736）で確認してください。
●太枠内に必要事項をボールペンで、はっきり、分かり易くご記入ください。
●選択項目の☑にはレ点をご記入ください。

1.申出者　▼加入者自ら署名する場合、押印は不要です。

氏名	フリガナ ネンキン　イチロウ 年金　一郎	印	基礎年金番号 1234－567890 生年月日 ☑昭和5 ☑平成7 49年10月06日　性別 ☑男 ☑女
住所	フリガナ トウキョウト　マルマルク　サンカクサンカク1－23－456　シカクシカクビル 〒123－4567 東京都○○区△△1－23－456　□□ビル	市区町村コード	
連絡先電話番号	（12）3456－7890		※日中に問い合わせができる電話番号（携帯電話も可能です）を記入してください。

2.移換先の情報

運用関連運営管理機関	登録番号	1234567	名称	○○　銀行
記録関連運営管理機関	登録番号	7654321	名称	△△キーピング(株)

3.移換元の情報　最後に加入していた企業型確定拠出年金の情報

実施事業所	登録番号※ 12345678　名称 ○○株式会社 ※実施事業所登録番号は規約承認番号のことで、以前の勤務先にご確認いただいても不明な場合、同番号欄は空欄でもかまいません。
記録関連運営管理機関	▼該当の機関の☑にレ点をご記入ください。（記入がない場合、返戻となります。移換元（前職）での記録関連運営管理機関を選択してください。） ☑ 0000011 日本インベスター・ソリューション・アンド・テクノロジー（JIS&T） ☑ 0000015 損保ジャパン日本興亜DC証券 ☑ 0000074 日本レコード・キーピング・ネットワーク（NRK） ☑ 0000115 SBIベネフィット・システムズ（SBI）
★資格喪失日	●資格喪失後、1年以上経過している場合、「年月」までを記入してください。「日」の記入は不要です。 ●退職による資格喪失の場合、退職日の翌日が「資格喪失日」です。 ☑平成 ☑令和 24年10月01日
★自動移換の通知の受理	年金資産が、国民年金基金連合会に振込まれ、同連合会で仮預りされている通知（自動移換の通知）　☑受けた　☑受けていない　☑わからない

★印2項目のいずれかに間違いや不備がある場合、次のデメリットが発生することがあります。▶ ①移換不能、遅延及び移換依頼書の再提出　②「自動移換」扱いによる手数料の発生

4.上記「移換元」以外の企業型確定拠出年金の加入履歴

☑ 加入していない　☑ 加入していた

今回の移換資産とは別に、
①企業型確定拠出年金で積み立てた個人別管理資産（年金資産）がある場合、または、
②同年金同資産の金額がゼロで通算していない加入者等期間がある場合、
今回移換する年金資産とこれらは一本化する必要がありますので、受付金融機関に必ず申し出てください。

受付金融機関および事務処理センター使用欄

受付金融機関

受付金融機関	事務処理センター
令和9　年　月　日	

様式第K-003号（2019.05）

※国民年金基金連合会・iDeCo公式サイトより

第5章

年齢・タイプ別「つみたてNISA」「iDeCo」の活用法

つみたてNISAとiDeCoは、ともに長期にわたって積み立てをしていくことを前提にした制度です。２つの制度を上手に利用すれば、将来に向けて資産を形成していくことが可能になります。所得控除を受けられるか、年齢制限や運用期間の違い、途中で積立資金を引き出すことが可能かなど、２つの制度の違いから使い分けを考えていくとよいでしょう。

01

2つの制度を上手に利用して資産づくりをしよう!

それぞれの制度の活用ポイント

60歳まで引き出すことができない

つみたてNISAとiDeCoは、ともに**長期にわたる積み立てを前提とした制度**です。2つの制度を上手に利用すれば、将来に向けた資産形成が可能になります。

「自分にはどちらの制度が向いているのか?」「どう使い分ければいいのか?」と悩む人もいることでしょう。そこで、つみたてNISAとiDeCoを有効活用するためのポイントを見ていきましょう。

つみたてNISAもiDeCoも**運用益が非課税になる制度**です。iDeCoはさらに、**掛金の全額が所得控除の対象**となります。ただし、iDeCoの場合、**掛金の拠出は60歳までという年齢制限**が設けられています。一方、**つみたてNISAには年齢制限がなく、運用期間は最大で20年間**となっています。

また、**iDeCoは、積み立てた資金を60歳まで引き出すことができませんが、つみたてNISAは途中で積立資金を引き出すことができます**。この2つの点が制度の使い分けのポイントになるでしょう。

どのタイミングで使うのか?

次に、「どのタイミングで使うお金なのか?」という点から考えていきます。老後資金など60歳まで使わないお金なのか、60歳より前に使う予定のあるお金なのか、何年先に必要なお金なのか、**運用資金が必要になるタイミング**を整理しましょう。

運用資金を使う
タイミングを
整理しておきましょう

「つみたてNISA」と「iDeCo」の活用のポイント

10年以内に使う資金 → 定期預金など（課税口座）
近い将来に使う資金は安全性の高い商品を利用

60歳より前に使う資金 → つみたてNISA
教育資金などは、つみたてNISAを利用

60歳まで使わない資金 → iDeCo
老後資金づくりにはiDeCoを優先。節税メリットが大きい

短期
長期
積立期間
定期預金など
つみたて
NISA
iDeCo

運用期間が長い資金から
iDeCo →
つみたてNISA →
定期預金の順に優先させて
いくとよいでしょう

目的と使うタイミングで選ぶ

老後資金づくりであればiDeCoを優先させます。iDeCoは節税メリットが高く、月5,000円から始めることができます。節税のメリットを受けながらコツコツ積み立てて、老後資金を形成していくことを考えていきましょう。
一方で、住宅購入資金や教育資金など、60歳より前に使う予定の資金であれば、つみたてNISAを利用するとよいでしょう。積み立てたお金が60歳まで引き出せないiDeCoと違い、いつでも引き出すことができます。

はみ出しメモ 60歳より前でかつ10年以内に使う予定の資金の場合は、定期預金など元本割れのリスクがない商品（課税口座）を選ぶほうがよい。近い将来に引き出す予定のある資金は元本割れしない商品のほうが安心。

02

まずは「iDeCo」から始める
20代の活用のポイント

iDeCoで運用をスタート

20代の場合、結婚資金や引っ越しなど、**近い将来にまとまった資金が必要になる場合があります。**また、収入がさほど多いわけではなく、生活にそれほど余裕はありません。年収と貯蓄のバランスを考えると、拠出できる金額には限りがあります。

そのため、生活資金から無理に掛金を拠出するのではなく、余裕資金の一部を老後資金として積み立てて、iDeCoを使って運用していきます。節税メリットの大きいiDeCoですが、60歳までは引き出せないので、余裕資金の一部を充てます。近い将来必要になる資金は、元本割れのリスクがなく、流動性の高い積立貯蓄などで確保します。余裕が出てきたら、その分をiDeCoに回していくとよいでしょう。

20代は積極運用を検討しよう！

20代でiDeCoによる運用を始めると、60歳まで30年以上の長期にわたるので、積極的な運用が考えられます。長期間運用すれば一時的な下落による損失もカバーできるからです。

具体的には、海外株式型と国内株式型の投資信託を組み合わせるなど、株式型の投資信託を中心に構成する積極運用を検討しましょう。

ただし、リスク耐性は人それぞれです。リスクに抵抗がある人は、バランス型や債券型の投資信託を組み合わせるなどして、バランスを取るとよいでしょう。

iDeCoによる運用のほかに、投資資金を拠出できる余力がある場合で、運用期間を10年以上設定できるのであれば、iDeCoに加えてつみたてNISAも活用してみましょう。その際は、iDeCoと同様に株式型の投資信託で積極的に運用する方法や、リスクを抑えたバランス型の投資信託を中心に運用するという方法が考えられます。

20代ならこんな資産運用を（ポートフォリオ例）

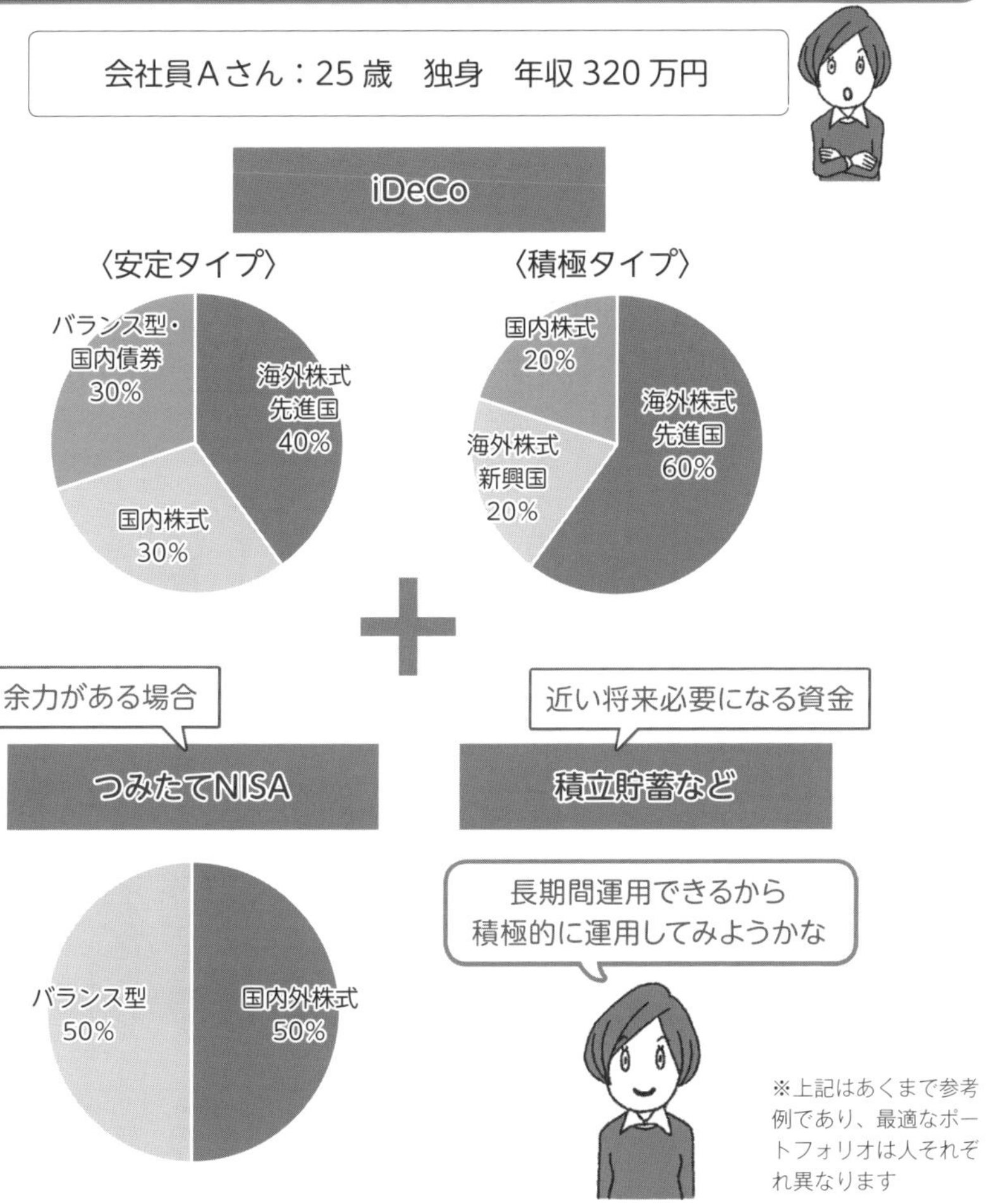

※上記はあくまで参考例であり、最適なポートフォリオは人それぞれ異なります

高リスク商品での運用

一般に、若い世代はリスク許容度が高いので、リスクの高い商品での運用がオススメです。若い世代が高いリスク商品で運用したほうがよい理由は、時間を味方につけた積極運用ができるからです。これから資産運用を始める20～30代の人は、リスクを取った積極運用にもチャレンジしてみるとよいでしょう。

はみ出しメモ　**20代のライフイベント**　20代は、社会人となり、キャリアのスタートを切る時期。ライフプラン上で重要なテーマはキャリア形成。そして、もう1つの重要なテーマが結婚。

03

2つの制度を組み合わせると効果的

30代の活用のポイント

2つの制度を併用する

30代は、結婚、出産、住宅の購入、教育費など、**大きな支出を伴うイベントが多い年代**です。将来の支出に備えて計画的にお金を貯めていかなければなりません。

20代に比べると収入がアップするので、iDeCoに拠出できる金額が大きくなります。ただし、会社員の場合、iDeCoの掛金の限度額は月額1・2万円か2・0万円または2・3万円です。それ以上拠出できる余裕があれば、つみたてNISAを併用した運用が効果的といえるでしょう。

iDeCoで老後資金を確保し、60歳より前に必要な資金、住宅購入資金や教育資金などはつみたてNISAを利用して運用していきます。そして、近い将来必要になる資金は、元本割れのリスクがなく、流動性の高い積立貯蓄などで確保します。

30代も積極運用を検討して

30代は、60歳になるまでに20年以上の期間があり、20代と同様、長期運用ができます。ですから、積極的な運用が考えられます。ただし、20代よりは多少リスクを抑えた運用を検討してもよいでしょう。

具体的には、海外株式型（先進国・新興国）と国内株式型の投資信託を組み合わせるなど、株式型の投資信託での運用を中心に、さらにバランス型や債券型の投資信託を組み入れる方法が考えられます。

30代は
これから大きな支出が想定されますが、
無理のない範囲で老後に向けて
資産運用を行っていくといいでしょう

30代ならこんな資産運用を（ポートフォリオ例）

会社員Bさん：33歳　妻：専業主婦　年収460万円

つみたてNISA ＆ **iDeCo**

〈安定タイプ〉

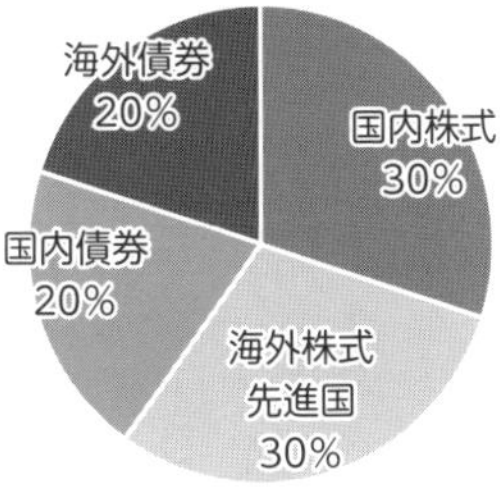

〈積極タイプ〉

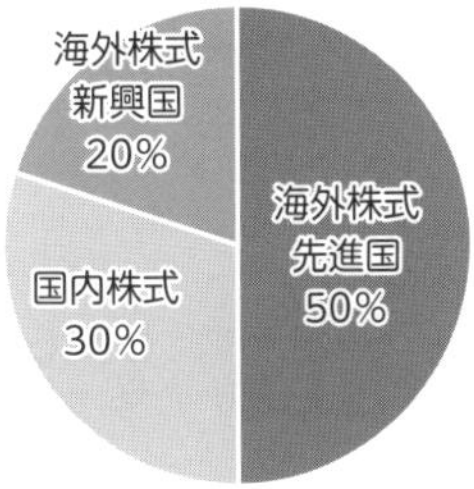

＋

近い将来必要になる資金

積立貯蓄など

iDeCoとつみたてNISA、
両方で運用してみようか！

※上記はあくまで参考例であり、最適なポートフォリオは人それぞれ異なります

配偶者の資産運用

配偶者がパート勤務等をしている場合、配偶者自身の収入をつみたてNISAで運用することが考えられます。たとえば、月々5万～6万円程度の収入であっても、そのうち3万円ずつを20年間積み立てていけば、ある程度まとまった金額になります。老後資金として活用できるし、途中で必要になった場合は引き出すことも可能です。

仮に、つみたてNISAの運用資金をすべて老後資金づくりにするなら、運用期間が最長20年なので、株式型の投資信託を中心とした積極運用が考えられます。

はみ出しメモ　**30代のライフイベント**　30代は、家族構成がほぼ決まり、出産と住宅の購入が大きなテーマとなる。

04

将来を見据えて老後資金づくりを進める 40代の活用のポイント

iDeCoを優先しよう

40代は、収入は増加する一方で、住宅ローンの返済や教育費などの出費もかさみます。子どもが大学に進学する時期には、1度に多額の出費が予想されるので、早目の準備が必要です。

ですから、この時期には、それほど多くの資金を積み立てに回すことができないかもしれません。ですが、40代こそ、将来を見据えた老後資金づくりを進めていく年代です。近い将来使う予定のあるお金以外は、優先的に節税メリットの大きいiDeCoに拠出していきましょう。iDeCoの場合、所得が高いほうが節税効果も大きくなります(→P104参照)。

ただし、会社員の場合、iDeCoの掛金の限度額は月額1・2万円か2・0万円または2・3万円。それ以上拠出できる余裕があれば、つみたてNISAを組み合わせて運用するとよいでしょう。45歳の場合、iDeCoの残りの積立期間は15年ですが、つみたてNISAは年齢制限がありません。そのため20年間運用し続けると想定してポートフォリオを組むことができます。

40代は、少しリスクを抑えるように心がけていきます。具体的には海外株式型（先進国）と国内株式型、そしてバランス型の投資信託を組み合わせる方法が考えられます。場合によっては、国内外の債券型の投資信託を組み入れてバランスを取るのもよいでしょう。

リスクを抑えた方向へ

また、**40代後半になったらリスクをより軽減していく方向にシフトすること**を考えましょう。積み上がった資産に一定の利益が出ているのであれば、売却して利益を確定させたり、安定運用型の投資対象にスイッチング(→P120参照)したりすることなども検討していくことが大切です。

40代ならこんな資産運用を（ポートフォリオ例）

会社員Cさん：43歳　妻：専業主婦　年収540万円

つみたてNISA ＆ iDeCo

〈安定タイプ〉

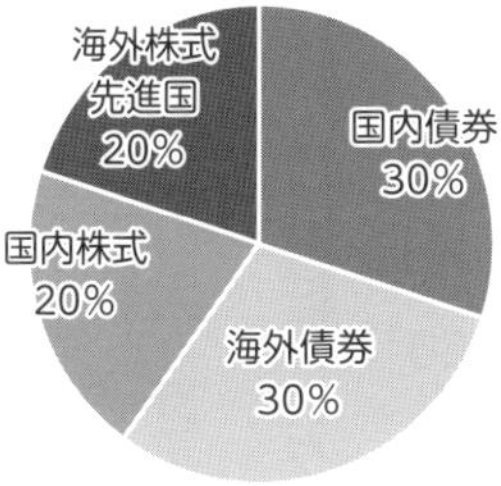

〈積極タイプ〉

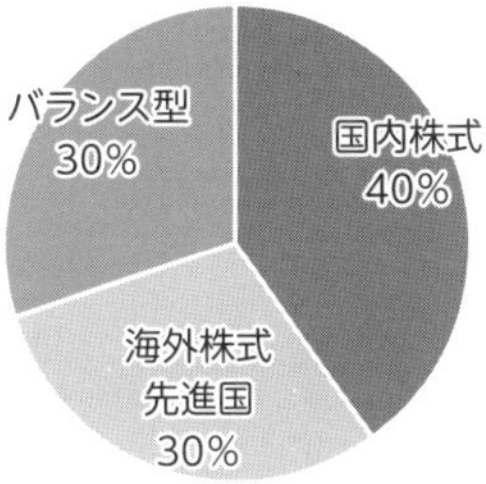

＋

積立貯蓄など

近い将来必要になる資金

若いときとは違って、
少しはリスクを抑えて運用していくか！

※上記はあくまで参考例であり、最適なポートフォリオは人それぞれ異なります

比率を検討する

資産がある程度蓄えられていて、老後の生活資金の不安が少ない場合は、株式型の比率を高めてもよいですが、そうでないならバランスよくポートフォリオを組んでリスクを抑えましょう。また、株式型の比率が高い場合に、もし急激に市場が悪化して株式市場の暴落が起こった場合は、運用中でも債券型の比率を高めるなどの対応をする必要が出てきます。

はみ出しメモ　**40代のライフイベント**　40代は、収入が増大していく一方、出費も多くなる年代。とくに子どもがいる世帯では、住宅ローンの返済に教育費の出費が重なる。

05

ゴールを意識しつつ安定した運用へ

50代の活用のポイント

リスクを抑えた安定運用を

50代は、教育資金などの大きな出費は落ち着き始め、そのうえ収入も多い時期なので、拠出できる金額も大きくなります。ｉＤｅＣｏとつみたてＮＩＳＡを活用して老後資金づくりを進めていきます。

一方で、ｉＤｅＣｏの運用において、リスクの高い商品に大きく比重を置いたままにしておくと、受給年齢になったときに資産が大きく目減りしていて、それを取り返す時間的な余裕がない状況になってしまうことがあります。そのため、**50代からはゴールを意識しつつ、リスクを抑えた安定運用**が大切です。

低リスクの商品へシフトする

50代になる前にｉＤｅＣｏを始めていた人は、時間の経過とともに少しずつ元本確保型の商品、リスクの低い商品の比重を増やすことが必要です。

具体的には、元本確保型の定期預金を中心に、バランス型や債券型の投資信託を組み合わせる方法が考えられます。

つみたてＮＩＳＡも、資産全体のバランスを考え、リスクを抑えた運用が基本となります。また、この年代では、つみたてＮＩＳＡもある程度の資産が積み立てられているケースもあります。その場合には、一定の収益が出ているものは、途中で少しずつ売却していくことも検討するとよいでしょう。

50代は
だんだんと余裕が出てくる年代。
老後資金づくりを進めていきましょう

50代ならこんな資産運用を（ポートフォリオ例）

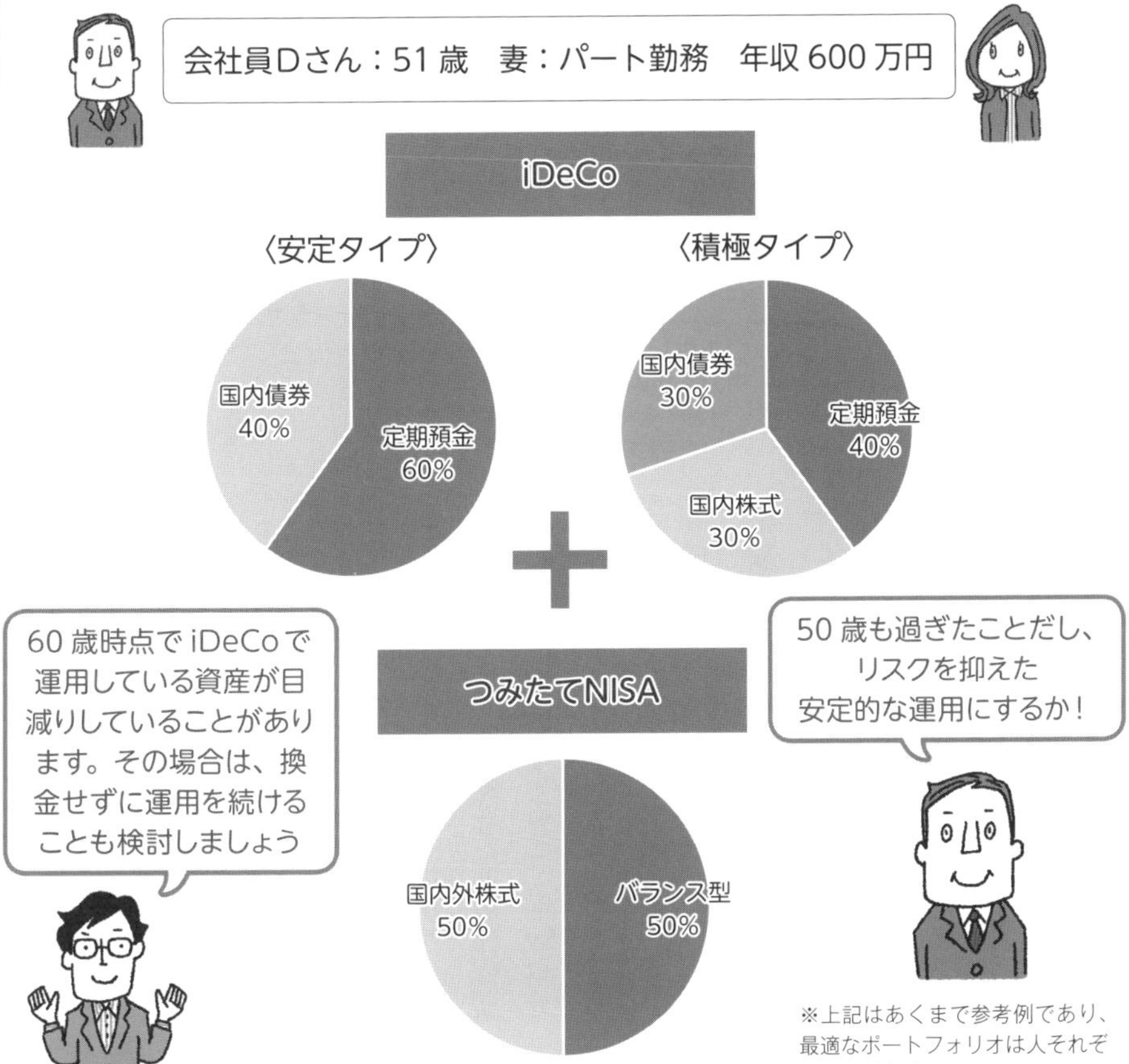

※上記はあくまで参考例であり、最適なポートフォリオは人それぞれ異なります

加入するべきか？

iDeCoの掛金を拠出できるのは60歳になるまでなので、50代の人が新たに加入して掛金を拠出する期間は数年しかありません。そこで、新たに加入するべきか迷うこともあるでしょう。たとえば55歳であれば、5年間しかありませんが、それでも、加入することで一定の効果は期待できると考えられます。 その理由は、iDeCo利用により節税のメリットを受けられるから。ただし、55歳から加入し、通算加入等期間が5年の場合、受給できるのは63歳以降になります（→P123参照）。

はみ出しメモ **50代のライフイベント** 50代は、子どもが自立し、家計の負担が軽くなる時期。老後のライフプランを考え、必要になる生活資金を想定し、本格的に準備していくことが求められる。

06

メリット・注意点を考慮して制度を利用する

専業主婦（夫）の活用のポイント

所得控除のメリットはない

専業主婦（夫）もiDeCoに加入できます。掛金は月額5，000円からで限度額は23，000円です（→P102参照）。iDeCoの大きなメリットに、拠出した掛金が全額所得控除の対象になる点がありますが、専業主婦（夫）で収入が一定額以下の場合は、所得税や住民税を支払っていないので、この所得控除のメリットを受けることはできません。

一方、運用益が非課税となるメリットや、受給時に退職所得控除・公的年金等控除が適用されるメリットは受けられます。

ただし、iDeCoの場合、掛金とは別に口座開設時の手数料や、口座管理手数料などの費用がかかります（→P112参照）。**元本確保型の商品だけで運用すると、手数料分だけマイナスになってしまう**おそれがあるので、注意が必要です。

135ページで触れたとおり、**一定額をつみたてNISAで積み立てていく方法**が考えられます。この場合、所得控除のメリットがない代わりに、口座の開設・維持は無料です。

これらの点を考慮して、自分にあった制度を選択、または組み合わせて活用していくとよいでしょう。

専業主婦（夫）の制度活用のポイント

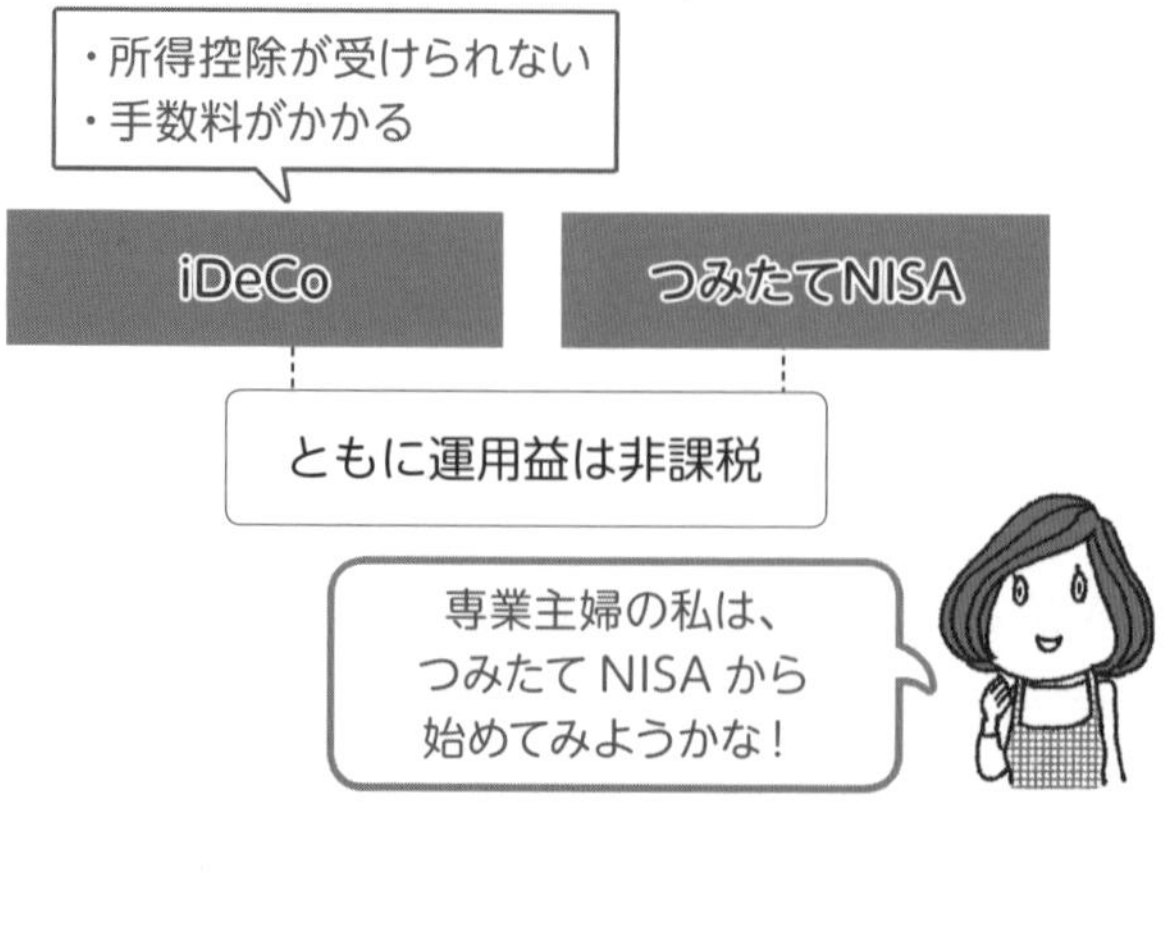
・所得控除が受けられない
・手数料がかかる
iDeCo
つみたてNISA
ともに運用益は非課税
専業主婦の私は、
つみたて NISA から
始めてみようかな！

07

自営業者の活用のポイント

大きな節税メリットを受けることが可能

小規模企業共済という選択肢

自営業者などの国民年金の第1号被保険者は、iDeCoの加入対象者の中で、最も掛金の拠出限度額が高く設定され、限度額は毎月68,000円（年間816,000円）となっています。**iDeCoを活用することで、大きな節税メリットを受けることが可能**です。

また、自営業者の場合は、iDeCoのほかにも、小規模企業共済による積み立てという選択肢もあります。小規模企業共済とは、**小規模企業の経営者や役員、個人事業主のための積立制度**です。掛金は1,000円から7万円となっていて、iDeCo同様、掛金の全額が所得控除の対象となります。

さらに契約者貸付としてこれまでに払った掛金の一定範囲で資金を借り入れることもできます。急に資金が必要になった場合でも、対応できるしくみが用意されているのです。

自営業者の場合、この小規模企業共済とiDeCoを資金ニーズに合わせて組み合わせた利用を検討するとよいでしょう。

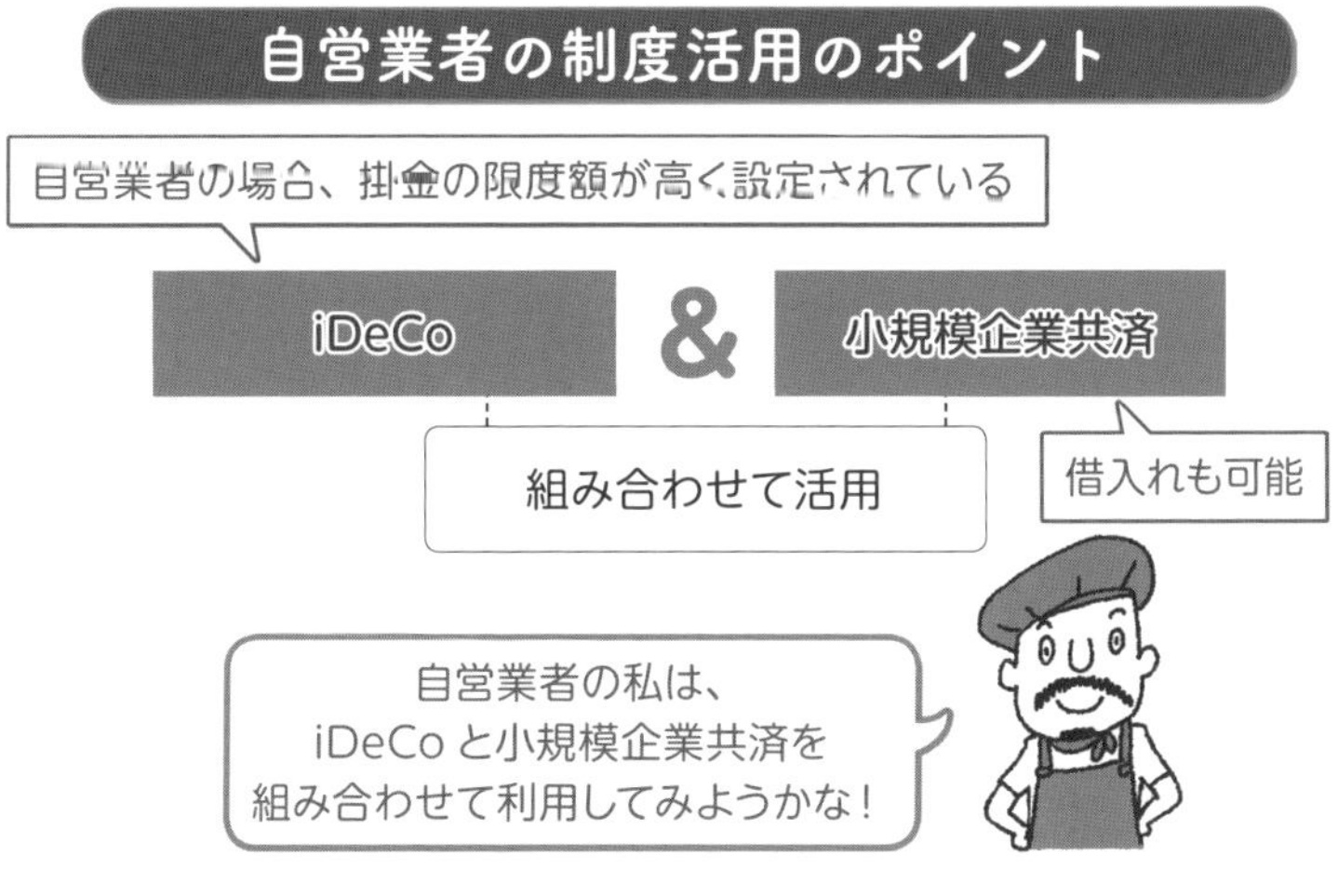
自営業者の制度活用のポイント
自営業者の場合、掛金の限度額が高く設定されている
iDeCo
&
小規模企業共済
組み合わせて活用
借入れも可能
自営業者の私は、
iDeCoと小規模企業共済を
組み合わせて利用してみようかな！

索引

あ行

か行

さ行

た行

主な参考文献：『いっきにわかる！　つみたてNISA&iDeCo（洋泉社MOOK）』（洋泉社）
『つみたてNISA&iDeCoでお得に資産運用（日経MOOK）』（日本経済新聞出版社）

前田信弘（まえだ　のぶひろ）

1級ファイナンシャル・プランニング技能士、CFP®。経営コンサルタント。大学や専門学校等においてFP技能検定受検対策講座などの講師を担当するとともに、執筆・コンサルティング業務に取り組む。著書に『知識ゼロからの会社の数字入門』『知識ゼロからのマーケティング入門』（幻冬舎）、『一発合格！FP技能士3級完全攻略テキスト』『一発合格！FP技能士3級完全攻略実戦問題集』『一発合格！マンガで攻略！FP技能士3級』『一発合格！FP技能士2級AFP完全攻略実戦問題集』『一発合格！マンガで攻略！FP技能士2級AFP』『トコトンやさしい日商簿記3級 テキスト&問題集』（ナツメ社）、『マンガでやさしくわかる日商簿記3級』『マンガでやさしくわかる会社の数字』（日本能率協会マネジメントセンター）等がある。

装幀　石川直美（カメガイ デザイン オフィス）
装画　matsu5／Shutterstock.com
イラスト・漫画　すぎやまえみこ
本文デザイン　中尾 剛（株式会社バズカットディレクション）
編集協力　有限会社ヴュー企画
編集　鈴木恵美（幻冬舎）

知識ゼロからのNISA&iDeCo

2019年12月20日　第1刷発行
2021年1月15日　第4刷発行
著　者　前田信弘
発行人　見城 徹
編集人　福島広司

発行所　株式会社　幻冬舎
〒151-0051　東京都渋谷区千駄ヶ谷4-9-7
電話　03-5411-6211（編集）　03-5411-6222（営業）
振替　00120-8-767643
印刷・製本所　近代美術株式会社

検印廃止

ISBN978-4-344-90341-8 C2033
Printed in Japan
幻冬舎ホームページアドレス　https://www.gentosha.co.jp/
この本に関するご意見・ご感想をメールでお寄せいただく場合は、comment@gentosha.co.jp まで。